Peter Schlosser
Der Justizkonflikt zwischen den USA und Europa

Schriftenreihe
der
Juristischen Gesellschaft zu Berlin

Heft 97

W
DE
G

1985

Walter de Gruyter · Berlin · New York

Der Justizkonflikt zwischen den USA und Europa

Von
Peter Schlosser

Erweiterte Fassung eines Vortrags
gehalten vor der
Juristischen Gesellschaft zu Berlin
am 10. Juli 1985
(English Summary)

W
DE
G

1985

Walter de Gruyter · Berlin · New York

Dr. jur. Peter Schlosser
o. Professor für deutsches, internationales und ausländisches
Zivilprozeßrecht sowie Bürgerliches Recht an der Universität München

CIP-Kurztitelaufnahme der Deutschen Bibliothek

Schlosser, Peter:
Der Justizkonflikt zwischen den USA und Europa :
Erw. Fassung e. Vortrags, gehalten vor d. Jur. Ges. zu Berlin
am 10. Juli 1985 / von Peter Schlosser. –
Berlin; New York : de Gruyter, 1985.
  (Schriftenreihe der Juristischen Gesellschaft zu
  Berlin ; H. 97)
  ISBN 3 11 010 740 6

NE: Juristische Gesellschaft 〈Berlin, West〉: Schriftenreihe der Juristischen Gesellschaft e. V. Berlin

Inhalt

Seite

I. *Einleitung* 7

II. *Die Verfahrensmitwirkungspflicht der für das Gericht auslän-*
dischen Prozeßpartei 13

   1. *Der Anspruch der amerikanischen Gerichte* 13
   2. *Die entsprechende Einstellung auf dem Kontinent* 17
   3. *Die neuere fremden- und völkerrechtliche Diskussion in den*
      USA 22
      a) "Comity considerations" 22
      b) Restatement of Foreign Relations Law 23
      c) Die Notwendigkeit einer Trennung völkerrechtlicher
         Erwägungen von fremdenrechtlicher Rücksichtnahme ... 24
      d) Der "shared values approach" 25
      e) Fairness-Standard der Verfahren gegenüber der ausländi-
         schen Prozeßpartei – ein in den comity-Erwägungen
         versteckter rechtsstaatlicher Gesichtspunkt 26
   4. *Betriebsangehörige des Beklagten als Aussagepersonen* 27
      a) Schriftliche Befragungen ("interrogatories") ....
      b) Mündliche Auskünfte ("depositions") ....
   5. *Beweismittel unter der Kontrolle von Tochter- oder Mutter-*
      gesellschaften der Beklagten 30

III. *Eingriffe der Gerichte des einen Staates in das Verfahren vor*
den Gerichten eines anderen Staates 33

   1. *Die Einstellung der Gerichte Großbritanniens und der USA* .. 33
   2. *Das Common-law – insoweit eine Anregung für uns?* 35
      a) Gerichtsstands- und Schiedsvereinbarungen 37
      b) Schutz vorher begründeter inländischer Rechtshängigkeit
      c) Präventive Verhinderung der Vollstreckung ausländi-
         scher Urteile im Inland, in Drittstaaten oder in seinem
         Heimatstaat? 38
      d) Sicherung der Konkursbefangenheit von Vermögensge-
         genständen 40

6

e) Verhinderung von Aufklärungshandlungen im ausländischen Verfahren? 40

IV. Schluß 42

English Summary 43

I. Einleitung*

Konflikte zwischen den Gerichtsbarkeiten verschiedener Staaten hat es schon immer gegeben. Beschränkt man sich auf das Zivilrecht, so ist das Gebiet der Urteilsanerkennung das klassische Konfliktfeld, das auch durch die neueren Staatsverträge auf diesem Gebiete nicht beseitigt, sondern nur, wenn auch ganz erheblich, verengt worden ist. Konfliktsempfindlich wird das, was sich auf diesem Gebiet gelegentlich ereignet, aber nur deshalb, weil wir insoweit einem blinden Souveränitätsdenken abgeneigt sind und die Erwartung des Bürgers auf transnational wirksamen Rechtsschutz im Prinzip anerkennen. Was die Aussicht auf wechselseitige Respektierung der Rechtshängigkeit anbelangt, so vollzieht sich erst langsam ein Umdenken. In vielen Gerichtsentscheidungen aus England und den USA kommt noch heute zum Ausdruck, im Falle von „concurrrent jurisdiction" sei es sozusagen normal, daß Verfahren vor Gerichten verschiedener Staaten parallel laufen[1]. Diese klassische Form von Justizkonflikten hat ihre Ursache gewissermaßen in einem passiven Souveränitätsdenken. Man ignoriert generell oder im Einzelfall ausländische Justizakte. Die aktive Form des Justizkonflikts ist von anderer Art. Sie ist, wenn nicht ausgebrochen, so jedoch erstmals wirklich zu Bedeutung und Aufmerksamkeit gelangt als Folge des Bestrebens der USA, das Ausland in eine aktive Unterstützung seiner Justiz einzubinden. Damit ist es unvermeidlich geworden, daß auch rechtspolitische Inhalte aufeinanderprallen. Hauptstein des Anstoßes in Europa ist das amerikanische „pre-trial-discovery"-Verfahren, welches einer Partei eines zivilgerichtlichen Verfahrens Ermittlungsmöglichkeiten gibt, wie sie hierzulande nicht einmal der Staatsanwaltschaft zustehen. Hinzu kommen die Zulässigkeit

---

* Diese Abhandlung wäre nicht denkbar, ohne den jahrelangen Gedankenaustausch, den ich über die behandelten Probleme mit Herrn Kollegen Ernst C. Stiefel, New York, unterhalten habe. Ihm schulde ich nicht nur Dank für unzählige Anregungen, sondern auch für viel einschlägiges und von hieraus sonst schwer zugängliches Material, das er mir immer wieder laufend zugesandt hat. Herrn Rechtsanwalt Dieter Schmitz aus Chicago bin ich für wertvolle redaktionelle Hilfe bei der Fassung der auf die USA bezogenen Nachweisungen sowie die Übersetzung der Zusammenfassung verpflichtet.
[1] Laker Airways Ltd. v. Sabena, Belgian World Airlines and KLM, Royal Dutch Airlines, 731 F. 2d 909, 926 (D. C. Cir. 1984).

8

des Erfolgshonorars in Gestalt eines Erfolgskontingents und das Fehlen einer Kostenerstattungspflicht der unterliegenden Prozeßpartei – was alles im Verein miteinander in den letzten 10–15 Jahren die USA zum Dorado für klägergünstige Gerichtsstände gemacht hat.

Da Verwandte Streitigkeiten, die unter ihnen ausbrechen, besonders unverblümt zu verbalisieren pflegen, ist es auch nicht verwunderlich, daß Gerichte aus Großbritannien in diesem Konflikt auffällig markante Worte fanden: Am allerwenigsten verwundert, daß unter den Richtern, die dies taten, auch Lord Denning[2] nicht fehlt: „Wie eine Motte vom Licht angezogen wird", so sagt er verächtlich, „so zieht es einem Kläger in die Vereinigten Staaten. Wenn es ihm gelingt, dort seinen Fall unterzubringen, dann ist er drauf und dran, ein Vermögen zu gewinnen". In der jüngsten Laker-Entscheidung war das House of Lords zwei Jahre später nicht weniger deutlich[3], ja sogar noch ausführlicher: „Meine Lords", so leitet Lord Diplock seine Urteilsbegründung ein, „eine der Eigenarten des Zivilprozeßrechts der amerikanischen Bundesgerichte ..., die jedem englischen Juristen seltsam und „oppressive upon defendants" erscheint, besteht darin, daß die Klageschrift („complaint") ... nicht, oder nur in höchst rudimentärer Form die Tatsachen kennzeichnet, auf die der Kläger seinen Anspruch stützt. Vielmehr wird zusammen mit der Klageschrift oder unmittelbar nach ihrer Einreichung der Beklagte zu einem „pre-trial-discovery" aufgefordert, das wenig Ähnlichkeiten mit der Art von discovery hat, das in Zivilrechtsstreitigkeiten in England zur Verfügung steht". Lord Diplock nennt insbesondere „seine Breite, die Vielfalt der Methoden, mündlich und schriftlich, was alles es einer umfassend angelegten Suche nach jedweder Information dienstbar macht, die für die Sache des Antragstellers hilfreich sein könnte, die enormen Kosten, für die zugunsten des erfolgreichen Beklagten keine Erstattung angeordnet werden kann ..., seine Geeignetheit für den Einsatz zu schwerwiegenden Belästigungen des Gegners, vor allen Dingen in Kartellrechtsstreitigkeiten".

Man kann Produkthaftpflichtverfahren hinzuzählen. Vor einigen Jahren hat ein kalifornisches Staatsgericht, ohne sich viel dabei zu denken, in einer Sache gegen das Volkswagenwerk in Wolfsburg folgenden Beschluß erlassen[4]:

„Die Vertreter des Antragstellers erhalten Zugang zum Betriebsgelände des Volkswagenwerks in Wolfsburg während der normalen Arbeitszeiten an fünf

---

[2] Smith Kline & French Laboratories Ltd. v. Bloch, [1983] 1 W.L.R. 730.
[3] British Airways Board v. Laker Airways Ltd., [1983] 3 All E.R. 375 (C.A.); [1984] 3 W.L.R. 413 (A.C.).
[4] Volkswagenwerk Aktiengesellschaft v. Superior Court, Alameda County, 123 Cal. App. 3 d 840, 847–48, 176 Cal. Rptr. 874, 878 (1981).

aufeinanderfolgenden Tagen, damit sie dort Anlagen besichtigen und fotografieren, schriftliche Unterlagen ansehen und fotokopieren und Belegschaftsmitglieder informell befragen können ... Insbesondere erhalten die Vertreter der Antragsteller Zugang zur technischen Bibliothek des Volkswagenwerks, zu den Unterlagen der Planungsabteilung und des technischen Archivs, soweit das Material [den fraglichen Fahrzeugtyp betrifft]. Insbesondere dürfen die Vertreter des Antragstellers jedes Belegschaftsmitglied danach befragen, welche Personen etwas über [die Entwicklung des fraglichen Fahrzeugtyps] wissen".

Die Entscheidung wurde zwar im Berufungsweg wieder aufgehoben, aber nur, weil zunächst versucht werden sollte, den Weg über das Haager Beweisaufnahmeübereinkommen zu gehen – wozu es dann freilich nicht mehr gekommen ist.

In einem in Florida, ebenfalls in einer Produkthaftpflichtsache, entschiedenen Fall war ein Beschluß ergangen, der es dem Kläger erlaubte, mit der EDV-Anlage des deutschen Herstellers zu spielen, um zu sehen, ob er auf diese Weise in den Besitz von Testberichten und Forschungsdokumenten gelangen könnte[5]. Auch dieser Beschluß wurde in der Rechtsmittelinstanz wieder aufgehoben, weil unausweichlich deutsches Territorium betroffen war und daher völkerrechtliche Schranken seiner Ausführung entgegenstanden.

Für den (Wider-)kläger „erfolgreich" durchgeführt wurde hingegen ein Gerichtsbeschluß, der es ihm erlaubte, durch Beauftragte die Räume ihrer japanischen Agentur durchsuchen zu lassen[5a]. Nach zweitägiger Suche fand man die entscheidenden Dokumente im Schreibtisch versteckt. Jedoch sind auch die anderen Entscheidungen Ausdruck des ausgebrochenen Konflikts. Wie wir sehen werden, entwickeln amerikanische Gerichte viel Scharfsinn, um von der Territorialgebundenheit einer ins Auge gefaßten Beweisaufnahme abzukommen. Nicht nur in England[6], sondern auch in anderen Staaten[7] hat sich sogar der Gesetzgeber in diesen Konflikt eingeschaltet und durch Gesetzgebungsakte Verbote geschaffen oder ermöglicht, deren erklärtes Ziel es ist, den Bürgern ihrer Staaten den Rücken zu stärken, wenn sie sich gegen discovery-Ansinnen amerikanischer Gerichte wehren wollen. Auch die Bundesrepublik verfügt über ein solches Gesetz, wenn auch beschränkt auf die Hochseeschiffahrt[8]. Seinen

---

[5] Private Information.
[5a] Wyle v. R. J. Reynolds Ind., Inc. 709 F. 2 d 585 (9th Civ.).
[6] Protection of Trading Interests Act v. 20. 3. 1980.
[7] S. Aufzählung in Note (Blejec), Extraterritorial Jurisdiction of US Courts Regarding the Use of Subpoenas Duces Tecum To Obtain Discovery in Transnational Litigation: the Search for a Limiting Principle, 16 N.Y.U. J. Int'l L. & Pol. 1135, 1157 n, 128 (1984).
[8] Gesetz über die Aufgaben des Bundes auf dem Gebiet der Seeschiffahrt v. 24. 5. 1965 (BGBl 1965 II 823) mit dazugehöriger Verordnung v. 14. 12. 1966 (BGBl 1966 II 1542).

vorläufigen Höhepunkt hat der Konflikt in wechselseitigen Anordnungen erreicht, die, gestützt auf solche Gesetze, unmittelbar darauf angelegt waren, das Verfahren im jeweiligen anderen Staat zu behindern oder durch Machtmittel effektiv ad absurdum zu führen. International am bekanntesten ist der vergangenes Jahr vom House of Lords entschiedene und noch ausführlich zu besprechende Laker-Fall geworden: Gerichte der beiden Staaten haben durch einstweilige Verfügungen jeweils die Prozeßführung im anderen Staat verboten. Für uns Deutsche vielleicht eingängiger ist der die Deutsche Bank betreffende Fall[9], der ein Distriktsgericht in Michigan und das Landgericht Kiel beschäftigt hat. Ein deutscher Hersteller von Diesel-Motoren hatte Verkäufe in die USA getätigt und wurde wegen des Verdachts irgendeines Wirtschaftsdelikts in ein strafrechtliches Untersuchungsverfahren verwickelt. Im Rahmen dieses Verfahrens wurde der Deutschen Bank über ihre unselbständige Niederlassung in New York durch einstweilige Verfügung aufgegeben, umfassend über ihre bankmäßigen Verbindungen mit der Herstellerin Auskunft zu erteilen und die entsprechenden Unterlagen herauszugeben. Die Verfügung bezog sich auch und vor allem auf Material, das sich bei der Hauptniederlassung der Deutschen Bank in Frankfurt und einer ihrer Niederlassungen in Kiel befand. Der Bankkunde erwirkte zunächst auf einseitigen Antrag beim Landgericht Kiel eine einstweilige Verfügung gegen die Deutsche Bank, mit der es dieser verboten wurde, den amerikanischen Verfügungen nachzukommen. Der amerikanische Richter hielt seine Verfügungen gleichwohl aufrecht. Das Landgericht Kiel wiederum hat dessen ungeachtet auf Einspruch der Deutschen Bank hin seine Verfügung bestätigt und erstaunlich kurz darauf auch der Klage in der Hauptsache stattgegeben. Die jeweiligen Entscheidungsgründe lesen sich wie eine Steigerung von Bert Brechts Kaukasischem Kreidekreis: Beide Gerichte zerren in entgegengesetzter Richtung an den Armen des Kindes und jeder vertraut darauf, der Anstand des jeweils anderen werde dessen Zerstückelung verhindern[10]. Ein amerikanischer Autor spricht schlichtweg von einer „Politik der Geiselnahme" durch amerikanische Gerichte, die auf die Nachgiebigkeit des Heimatstaates der Geisel spekuliere[11]. Nachdem die

---

[9] In re Grand Jury 81-2, 550 F. Supp. 24 (W. D. Mich 1982); LG Kiel RIW 1983, 206 (mit Besprechungsaufsatz Stiefel-Petzinger 242 ff. 247 ff.) = IPRax 1984, 146 m. Bespr. U. Bosch 146.

[10] Im gleichen Sinne: Civil Aeronautics Board v. Deutsche Lufthansa, A. G., 591 F. 2d 951, 953 (D. C. Cir. 1979): "Affirmance of the enforcement order may be a factor in facilitating production of the documents by petitioner without risking sanctions by the German Government."

[11] *Rosenthal/Yale-Loehr*, Two Cheers for the ALI Restatement's Provisions on Foreign Discovery, 16 N.Y.U. J. Int'l L. & Pol. 1075, 1093 (1984).

einstweilige Verfügung in Kiel ergangen war, argwöhnte der amerikanische Richter nicht nur ein Komplott zwischen der Deutschen Bank und ihrem Kunden. Er sagte auch ganz offen, wenn erst die Bank dem deutschen Gericht klar gemacht habe, was ihr drohe und die amerikanische Staatsanwaltschaft vom deutschen Gericht gehört worden sei, werde das deutsche Gericht wohl nachgeben. Immerhin war der Deutschen Bank pro Tag der Zuwiderhandlung eine Geldstrafe in Höhe von 50 000 $ und deren progressive Erhöhung im Abstand von jeweils 10 Tagen angedroht worden[12]. Jedoch antwortete das Landgericht Kiel hiervon ungerührt[13]:

> „Auch den Hinweis der Beklagten darauf, daß das Verweigern der erbetenen Auskünfte und der Vorlage der verlangten Unterlagen vom amerikanischen Gericht als dessen Mißachtung angesehen und mit einer Strafe belegt werden könne, hält die Kammer nicht für durchgreifend. Angesichts des Umstandes, daß die Beklagte durch die Verweigerung der Vorlagen und der Auskünfte der Anordnung eines deutschen Gerichts folgt, die ihrerseits auf einen gültigen und nicht zu beanstandenden Bankvertrag zwischen den Parteien zurückgeht, ist es schwer vorstellbar, daß ein amerikanisches Gericht in dem Verhalten, das der Anordnung eines deutschen Gerichts entspricht, eine Mißachtung der Strafverfolgungsbehörde oder des Gerichts der Vereinigten Staaten sieht".

Die Sache ist in letzter Minute ohne weitere gerichtliche Entscheidung bereinigt worden[14]. Natürlich hätte das deutsche Gericht, um Verhängung von Ordnungsgeld ersucht, anhand von Verschuldensgesichtspunkten berücksichtigen müssen, unter welchem amerikanischen Druck die Bank in den USA nachgegeben haben würde. Auch die amerikanischen Gerichte sind diesem Gesichtspunkt nicht schlechterdings abhold. Sie prüfen ihn unter dem Stichwort „good faith effort" aber erst dann, wenn es darum geht, Sanktionen wegen contempt of court zu verhängen und sind keineswegs bereit, davon immer abzusehen, wenn die fragliche Partei in Europa unvermeidlich dem Strafverhängungsdruck ausgesetzt war.

Eine leidenschaftslose und geordnete Gedankenentwicklung verlangt, wie immer, nach einer Strukturierung des Stoffes. Zu dessen Entlastung soll ein an sich auch sehr interessanter, aber insgesamt weniger dramatischer Bereich hier ausgeklammert werden, nämlich Zeugen und Augenscheinsobjekte, die für amerikanische Gerichte nicht anders erreichbar sind als durch Amtshandlungen auf dem Territorium der Bundesrepublik oder eines anderen fremden Staates: Grundstücke, EDV-Anlagen, Dokumente in Hände von Personen, über die sich amerikanische Gerichte

---

[12] So die Mitteilung von *U. Bosch*, IPRax 1984, 129.
[13] IPRax 1984, 146, 147 a. E.
[14] Dazu *U. Bosch*, IPRax 1984, 129.

selbst keine Gerichtsgewalt zusprechen und die für sie auch durch mittel-
bare Sanktionen nicht erreichbar sind. Über diese Probleme ist aus Anlaß
des Siemens-Falles – leitende Funktionäre dieses Konzerns sollten
umfangreiches, nur ganz allgemein umschriebenes Dokumentenmaterial
herausgeben und über Geschäftsbeziehungen mit ihrer amerikanischen
Partnerin ITT, bezogen auf die Entwicklung von Glasfaserkabeln, berichten – schon einiges geschrieben worden[15]. Im Umfeld des unglücklichen
Art. 23 des Haager Beweisaufnahmeübereinkommens ist zwar noch viel
offen. Dort ist gesagt, daß die Vertragsstaaten den Vorbehalt erklären
können, den bezeichnenderweise fast alle von ihnen, mit Ausnahme der
USA, auch erklärt haben, Rechtshilfeersuchen nicht zu erledigen, die, so
wörtlich „ein Verfahren zum Gegenstand haben, das in den Ländern des
„Common law" unter der Bezeichnung „pre-trial-discovery of documents" bekannt ist". Die rechtspolitische Auseinandersetzung geht
gegenwärtig darum, ob die vom Einführungsgesetz zum Haager Beweisaufnahmeübereinkommen ermöglichte (§ 14 II) Rechtsverordnung erlassen werden soll, ja ob sie überhaupt mit einem sinnvollen Inhalt erlassen
werden kann. Nach deutschem Verfahrensrecht kann das erkennende
Gericht gegenüber keinem Dritten die Vorlage von Urkunden anordnen,
§ 429 ZPO, sondern muß die interessierte Partei umständlicherweise auf
einen eigenen Prozeß verweisen. Entgegen früher geäußerter Skepsis[16] bin
ich freilich heute der Meinung, daß auch im Rahmen einer solchen
Rechtsverordnung eine Anpassung des deutschen Verfahrensrechtes
bewerkstelligt werden kann und muß. Von Prozeßparteien und Dritten
die Vorlage von Urkunden verlangen, können heute auch die Richter
kontinentaleuropäischer Staaten. In Frankreich etwa steht dem Richter
ganz generell der Erlaß solcher Vorlageanordnungen zu[17]. Denkbar ist,
daß sich das Rechtsverhältnis zwischen dem französischen Beweisführer
und dem in Deutschland ansässigen Dritten nach französischem Recht
richtet[18]. Dann ist es ratsam, für Deutschland eine Anpassung an die

---

[15] S. OLG München, ZZP 94 (1981) 462 = RIW 1981, 554. Literatur aus Anlaß
dieses Falles: *Schlosser*, ZZP 94 (1981) 369 ff.; *Metz*, RIW 1981, 73 ff.; *Martens*,
RIW 1981, 725 ff.; *v. Hülsen*, RIW 1982, 537, 544 ff.

[16] ZZP 94 (1981) 394.

[17] Art. 11 II nouveau code de procédure civile: »Si une partie détient un élément
de preuve, le juge peut, à la requête de l'autre partie, lui enjoindre de la produire, au
besoin à peine d'astreinte. Il peut, à la requête de l'une des parties, demander ou
ordonner, au besoin sur la même peine, la production de tous documents detenus
par des tiers s'il n'existe pas d'empêchement legitime«.

[18] Die international-privatrechtliche Einordnung der in den §§ 809, 810 BGB
angeordneten Pflichten (auf die die ZPO Bezug nimmt, z.B. in §§ 429, 422) ist
ohnehin noch nie behandelt worden.

prozeßrechtliche Qualifikation der Urkundenvorlagepflicht in Frankreich vorzunehmen. Jedoch sollen alle diese Fragen hier nicht weiter zur Sprache kommen.

Damit verbleiben zwei große Problemkreise, die in einem Steigerungsverhältnis zueinander stehen und in den nachfolgenden beiden Hauptteilen dieses Beitrags behandelt werden sollen:

1. Wieweit können Gerichte von Personen, die Prozeßparteien sind, Verfahrensförderungsbeiträge verlangen und erzwingen, die Bezug zum Ausland haben?
2. Kann sich eine Person im Inland, also für uns betrachtet in der Bundesrepublik, mit Rechtsschutzmaßnahmen dagegen wehren, im Ausland in ein Verfahren gezogen zu werden oder dort irgendwelche spezifischen Verfahrenshandlungen vornehmen zu müssen?

II. Die Verfahrensmitwirkungspflicht der für das Gericht ausländischen Prozeßpartei

1. Der Anspruch der amerikanischen Gerichte

Der Umfang, in welchem amerikanische Gerichte eine solche Mitwirkungspflicht postulieren, ist wahrhaft erregend. Lassen wir die Frage beiseite, ob sich ein Kläger allein dadurch, daß er Klage vor ausländischen Gerichten erhebt, tatsächlich, wie behauptet wird, allen Befugnissen, die das ausländische Gericht hat – etwa auch in bezug auf eine vom Beklagten anhängig gemachte Widerklage – unterwirft[19]. Was beklagten Parteien alles angesonnen wird, ist für uns im Grunde unvorstellbar. In der privatrechtlichen Anti-Trust-Sache Zenith Radio gegen den japanischen Konzern Matsushita[20] mußten nicht weniger als 35 Mio. Papiere einschließlich aller einschlägigen persönlichen Aufzeichnungen und Korrespondenzstücke vorgelegt werden. In diesem Fall war das Haager Übereinkommen nicht anwendbar, weil Japan ihm wohlweislich nicht beigetreten war. Amerikanische Gerichte stehen aber auf dem Standpunkt, das Haager Beweisaufnahmeübereinkommen habe eine Erleichterung des wechselseitigen Rechtsverkehrs zum Ziele gehabt und könne daher füglich die Befugnisse nicht beschnitten haben, welche sie selbst vorher besessen hätten und sich gegenüber Angehörigen und Bewohnern von Nichtvertragsstaaten auch heute noch ohne Zögern zusprechen. Die Praxis war zunächst freilich unsicher. Die Bundesregierung jedenfalls hat

---

[19] So angenommen im Toyota-Fall, s. Fn. 100.
[20] Zenith Radio Corp. v. Matsushita Electric Industrial Co., 529 F. Supp. 866, 874 n. 6 (E. D. Pa. 1981).

14

sich in einem Verfahren vor einem amerikanischen Berufungsgericht, wo sie sich als „amicus curiae", vertreten durch einen amerikanischen Rechtsanwalt, äußern konnte, auf dem Standpunkt gestellt, das Haager Übereinkommen sei der ausschließliche Weg, wenn immer es um Beweismaterial gehe, das in einem anderen Staat belegen sei[21]. Dem hatten sich zunächst auch einige amerikanische Gerichte in bezug auf sog. „interrogatories" gegenüber Auslandsbewohnern angeschlossen[22]. Andere Gerichte hatten immerhin gemeint, zunächst müsse der Weg über das Haager Übereinkommen versucht werden[23]; erst wenn dieser sich als erfolglos erweise, müsse man neue Überlegungen anstellen. Das US-Justizministerium schien sich zunächst in einem, das Volkswagenwerk betreffenden „amicus curiae"-Brief an den Supreme Court ebenfalls im Sinne der Ausschließlichkeit des Übereinkommens geäußert zu haben[24]. In diesem Falle ging es freilich um die Vernehmung von Belegschaftsmitgliedern des Volkswagenwerkes auf deutschem Boden, was in der Tat anders als über das Haager Übereinkommen nicht möglich erschien. Später vollzog das US-Justizministerium denn auch einen Tendenzumschwung und erklärte in der Sache Club Méditerranée[25] das genaue Gegenteil in einem Fall, wo die französische Beklagte schriftlich einen Fragekatalog beeantworten sollte. Es heißt in der Stellungnahme wörtlich:

---

[21] In re Anschütz & Co. GmbH, 754 F. 2d 602 (5th Cir. 1985), davon ausführlich berichtet durch Heidenberger RIW 1985, 437 ff.

[22] Schroeder v. Lufthansa German Airlines, No. 83 C 1928, 18 Av. Cas. (CCH) 17, 222 (N.D. Ill. Sept. 15, 1983); Pierburg GmbH & Co. KG v. Superior Court of Los Angeles County, 137 Cal. App. 3 d 238, 186 Cal. Rptr. 876, 881–83 (1982); Cuisinarts, Inc. v. Robot-Coupe, S.A., No. D.N. CV 800050083 (Conn. Super. Ct. Stamford/Norchwich Jud. Dist. July 22, 1982). *Struve*, Discovery From Foreign Parties in Civil Cases Before U.S. Courts, 16 N.Y.U. J. Int'l L. & Pol. 1101, 1109 n. 35 (1984) weist auf folgende weitere Entscheidungen hin: General Electric Co. Medical Systems Division v. North Star Int'l, Inc., No. 83 C 0838 (N.D. Ill. Feb. 21, 1984); Philadelphia Gear Corp. v. American Pfauter Corp., 100 F.R.D. 58 (E.D. Pa. 1983); Ronnie Lee Cannon v. Arburg Maschinenfabrik, Hehl and Söhne, No. 80 L 2275 (Cir. Ct. Cook County, Ill., Aug. 1, 1983); Thompson v. Continental Machine and Tool Co., No. EC 81-181-LS-P (N.D. Miss. Sept. 21, 1983).

[23] Vor allen Dingen der kalifornische Court of Appeal (N.4). Außerdem The Goldschmidt AG v. The Honorable „Bob" Smith, 676 S.W.2d 443 (Tex. Civ. App. 19); Vincent v. Ateliers de la Motobecane, S.A., 193 N.J. Super. 716, 475 A.2d 686 (N.J. Super. Ct. App. Div. 1984).

[24] Brief for the United States as Amicus Curiae et a, Volkswagenwerk A.G. v. Falzon, No. 82–1888 (US 1983 Term); cert. denied, 104 S. Ct. 1260 (1984).

[25] Dorin v. Club Méditerranée, S.A., Index No. 4777/82 (N.Y. Sup. Ct., N.Y. County, Jan. 5, 1983), aff'd without opinion, 93 A.D. 2d 1007, 462 N.Y.S. 2d 524 (1983), cert. denied, 105 S. Ct. 286 (1984).

"It is our position, that the Evidence Convention is not exclusive and that therefore the order of the New York trial court does not conflict with any treaty obligations of the United States under the Convention".

Nachdem der US-Supreme Court in beiden Fällen die Certiorari-Anträge nicht zur Entscheidung angenommen hat, ist man sich heute in den USA über die Richtigkeit dieses Standpunkts praktisch einig geworden[26]. Viele leiten daraus her, der Weg über das Übereinkommen und die Anwendung des eigenen Prozeßrechts stünden gleichwertig und wahlweise zur Verfügung. Ein sprachgewaltiger Richter hat es auf die Formel gebracht, Sinn des Haager Beweisaufnahmeübereinkommens könne es nicht gewesen sein, eine chinesische Mauer zwischen den Nationen aufzurichten[27]. Die Diskussion geht im Grunde nur noch um Sekundäres, etwa um die auch in der Praxis wichtige Frage, ob im Rahmen der dem Richter zustehenden Ermessensausübung zunächst versucht werden sollte, mit dem Haager Übereinkommen ans Ziel zu gelangen; überhaupt in welchem Ausmaß sog. comity-Rücksichtnahmen bei Ausübung von Richterermessen angebracht sind[28], von dem der Erlaß von discovery-orders ohnehin abhängig ist. Jedoch kommen solche comity-Erwägungen in der heutigen gerichtlichen Praxis, wenn überhaupt, nur noch ins Spiel, wenn die Prozeßpartei, der Mitwirkungshandlungen angesonnen worden sind, riskiert, dadurch Gesetze ihres Heimatstaates zu verletzen[29].

Aber auch diese Denkrichtung tritt in der Rechtsprechung zunehmend in den Hintergrund zugunsten jener anderen, zunächst einmal vom Haager Beweisaufnahmeübereinkommen völlig unberührt alles seinen

---

[26] S. etwa *Oxman*, The Choice Between Direct Discovery and Other Means of Obtaining Evidence Abroad: The Impact of the Hague Evidence Convention, 37 U. Miami L. Rev. 733, 760 (1983); *Ravdan*, The Hague Convention on the Taking of Evidence, 16 N.Y.U. J. Int'l L. & Pol. 1031, 1054; *Batista*, Confronting Foreign „Blocking" Legislation: A Guide to Securing Disclosure from Non-resident Parties to American Litigation, 17 Int'l Law 61, 79 (1983); *Struve* (N. 22); Laker Airways v. Sabena (N. 1); Lasky v. Continental Products Corp, 569 F. Supp. 1227 (E. D. Penn. 1983); Graco, Inc. v. Kremlin, Inc., 101 F.R.D. 503 (N. D. Ill. 1984); Murphy v. Reifenhauer KG Maschinenfabrik and Rextrusion Systems Inc., 101 F.R.D. 360 (D. Vt. 1984); Compagnie Française d'Assurance Pour le Commerce Extérieur v. Philips Petroleum Co., No. 81 Civ. 4463 (S.D.N.Y. Jan. 25, 1983) zit. nach *Struve* (N. 22); Pain v. United Technologies Corp., 637 F. 2d 775 (D.C. Cir. 1980), cert. denied, 454 U.S. 1128 (1981).

[27] In re Anschütz & Co. GmbH (N. 21), erstinstanzliche Entscheidung.

[28] In folgenden Entscheidungen spielte der Gesichtspunkt eine Rolle, ohne aber den Erlaß einer auf Dauer angelegten Anordnung zu hindern: Pierburg GmbH & Co. v. Superior Court (N. 22); Volkswagenwerk AG v. Superior Court (N. 4); Philadelphia Gear Corp. v. American Pfauter Corp. (N. 22).

[29] S. dazu näher unten sogleich u. 2 b, d, e.

Lauf nehmen zu lassen, bis die Verhängung von Sanktionen wegen Mißachtung der gerichtlichen Mitwirkungsanordnung ansteht, und von der Verhängung der letzteren nur Abstand zu nehmen, wenn die fragliche Prozeßpartei einen nach sehr strengen Maßstäben zu messenden ernsthaften Versuch gemacht hat, dem Gerichtsbeschluß nachzukommen, ohne in ihrem Heimatstaat unzumutbaren Konsequenzen ausgesetzt zu sein.

Für die einer Anordnung nicht Folge leistende Prozeßpartei sind die Folgen auch vollständig unkalkulierbar. Nach Ermessen des Richters reichen sie von Beweiswürdigung zu ihren Lasten[30] über den Erlaß eines Versäumnisurteils gegen sie[31] bis zu sehr einschneidenden Geld- und Haftstrafen[32], die angedroht werden[33]. Dazu gesellen sich gelegentlich recht provozierende Äußerungen, die im Rahmen der sog. „balance-of-interest-tests" abgegeben werden, die amerikanische Gerichte häufig anstellen und die darauf hinauslaufen, auf die „Flexibilität" des Auslandes in der Anwendung seiner eigenen „non-disclosure-laws" zu vertrauen[34]. In einem Fall hat ein Gericht sogar diplomatisch Geheimhaltungsinteressen eines fremden Staates für unbeachtlich erklärt[35].

---

[30] S. Restatement (Revised) of Foreign Relations Law (Tent. Draft No. 6, Apr. 12, 1985), s. u. Fn. 73.

[31] Rule 55 der Federal Rules of Civil Procedure. Angewandt z. B. in United Nuclear Corp. v. General Atomic Co., No. 50, 827 (Dist. Ct. Santa Fe County, N.M. Mar. 2, 1978), aff'd, 93 N.M. 105, 597 P.2d 290 (1979) – davon berichtet in Comment, Foreign Nondisclosure Laws and Domestic Discovery Orders in Antitrust Litigation, 88 Yale L.J. 612, 618 (1979). Allerdings muß das Gericht eine gewisse Überprüfung der Begründetheit des Klageanspruchs sehr wohl vornehmen.

[32] Supboena duces tecum, beschrieben in Note, 16 N.Y.U. J. Int'l L. & Pol. 1142–44 (1984) (N. 7).

[33] Noch relativ mild ($2000 pro Tag und 60 Tage Haft) in United States v. First National City Bank, 396 F. 2d 897, 900 (2d Cir.) aff'd, re First National City Bank, 285 F. Supp. 845, 848–49 (S.D.N.Y. 1968). Kräftig ($25 000 pro Tag; $1 825 000 insgesamt) in United States v. Bank of Nova Scotia, 740 F. 2d 817 (11th Cir. 1984), cert. denied, 105 S. Ct. 778 (1985).

[34] S. Westinghouse Electric Corp. v. Rio Algon Ltd., 480 F. Supp. 1138, 1144–49 (N.D. Ill. 1979). Besonders einschneidende Fälle im übrigen: United States v. Bank of Nova Scotia, 691 F. 2d 1384, 1388–89 (11th Cir. 1982), cert. denied, 103 S. Ct. 3086 (1983) (Steuerpflicht hat Vorrang vor ausländischem Bankgeheimnis, wenn dieses ohnehin nur mit Einschränkungen garantiert ist); Securities and Exchange Commission v. Banca Della Svizzera Italiana, 92 F.R.D. 111, 117 (S.D.N.Y. 1981); Marc Rich & Co., A.G. v. United States, 707 F. 2d 663, 666 (2d Cir.), cert. denied, 103 S. Ct. 3555 (1983); United States v. Vetco Inc., 644 F. 2d 1324 (9th Cir.), cert. denied, 454 U.S. 1098 (1981): Aufklärung von Kartellverstößen hat Vorrang vor ausländischen Strafrechtsnormen.

[35] United States Steel Corp. v. United States, No. 83–101, slip op. (Ct. Int'l Trade Oct. 11, 1983) rev'd on other grounds, No. 84–639 (Ct. Customs and

2. Die entsprechende Einstellung auf dem Kontinent

Insgesamt hat die amerikanische Rechtsentwicklung bei den Europäern den Eindruck eines inakzeptablen Machtanspruchs von Zivilrichtern gegenüber Prozeßparteien heraufbeschworen: Ihm will man Inlandsbewohner nicht aussetzen; Sinn des Haager Beweisaufnahmeübereinkommens soll es gerade auch gewesen sein, dem einen Riegel vorzuschieben. Viele betrachten die amerikanische, wie man sagt, „exterritoriale" discovery als völkerrechtswidrig[36]. Eine solche Behauptung fügt sich in das klassische Souveränitätsdenken auch gut ein: Kein Staat soll das Recht haben, Bewohnern anderer Staaten, vor allem, wenn diese gleichzeitig ihrem Wohnsitzstaat angehören, Handlungen abzuverlangen, die in eben jenem Staat vorzunehmen sind[37]. Seltsamerweise wirft man die Frage, wie es denn im umgekehrten Falle, nämlich dem eines ausländischen Beklagten oder Angeklagten vor einem europäischen Gericht steht, so gut wie nicht auf. In Deutschland ist der Standpunkt, die Befugnisse deutscher Gerichte zur Anordnung bzw. Sanktionierung von Handlungen oder Unterlassungen auf ausländischem Territorium seien eingeschränkt, nie heimisch geworden. Nicht nur § 98 II GWB und die h. M. zu den kartellrechtlichen Bestimmungen des EWG 34 a steht, wie man weiß, auf einem anderen Standpunkt. Ähnliches gilt für das deutsche internationale Strafrecht (§§ 5–7 StPO) ganz generell. Aber bleiben wir beim Zivilprozeßrecht. Höchst selten hat man hierzulande Skrupel, zu einer Handlung verurteilen zu lassen, die im Ausland vorzunehmen ist[38].

In einer Entscheidung des OLG Stuttgart aus dem Jahre 1984[39] wurde der Beklagte zur Anbringung eines Gitters an seinem Schwimmbecken auf einem spanischen Feriengrundstück verurteilt. Es ging in der Entscheidung überhaupt nur um die Frage, ob der Kläger durch ein deutsches Gericht zur Ersatzvornahme im Ausland ermächtigt werden konnte, was das Gericht ablehnte[40], oder ob, was das Gericht dann tat, das Urteil mit

---

Patents Appeals March 23, 1984) – zit. nach *Rosenthal/Yale-Loehr* (N. 11) 1076, n. 6: unbeachtlich ist "state secret privilege involving diplomatic communications between sovereign governments".

[36] *Rosenthal/Yale-Loehr* (N. 11) 1098 f. berichten darüber, daß "U.S. extraterritorial discovery is viewd by most foreign international law experts as a violation of international law". Verfasser beklagen "how isolated our legal system is".

[37] *Mann*, FS Mosler (1982) 530 ff.

[38] Stein-Jonas *(Münzberg)*[19] § 887 Anm. II 4; *Riezler*, Internationales Zivilprozeßrecht (1949) 243; *Raape*, Internationales Privatrecht[5], 640.

[39] ZZP 97 (1984), 487.

[40] Aber selbst insoweit das Gericht kritisierend: *Münzberg* in einer Anmerkung, S. 490.

Zwangsgeldandrohungen zu bewehren war. Dies war aber schon eine ganz außergewöhnliche Rücksichtnahme. Zehn Jahre zuvor hatte das LG Nürnberg Fürth[41] einen italienischen Beklagten zur Überlassung eines Buchauszugs und zur Abrechnung verurteilt, für den Fall der Nichtleistung Geld- und Haftstrafen angedroht und den Kläger ermächtigt, den Auszug durch einen Wirtschaftsprüfer in Rom erstellen zu lassen. Nur in letzterem Punkt hob das OLG[41a] die Entscheidung wieder auf. Bezeichnenderweise stützte es sich hierbei aber im wesentlichen auf Art. 16 Nr. 5 EuGVÜ, welcher positiv-rechtlich für Zwangsvollstreckungsverfahren die internationale Zuständigkeit der Gerichte des Vollstreckungslandes festschreibt. Dasselbe Gericht[42] hatte auch keinerlei Bedenken, den materiell-rechtlichen Auskunftsanspruch gegen einen im Ausland wohnenden Erbschaftsbesitzer grenzüberschreitend durchzusetzen und sogar zur Abgabe einer eidesstattlichen Versicherung zu verurteilen. Der ausländische Erfüllungsort einer Leistung war noch nie ein Hindernis für den Erfolg einer Erfüllungs- oder Schadensersatzklage in Deutschland[43]. Natürlich kann man auf Lieferung einer aus dem Ausland herbeizuschaffenden Sache, ja sogar auf Lieferung einer Sache von einem ausländischen Ort an einen anderen außerhalb Deutschlands gelegenen Platz klagen. Das ist so selbstverständlich, daß die meisten Rechtsordnungen gar keinen besonderen inländischen Gerichtsstand für den Fall zur Verfügung stellen, daß sich die Sache, auf die sich ein Übereignungs- oder Besitzübertragungsanspruch bezieht, auf ihrem Territorium befindet[44]. Die Zuständigkeit der inländischen Gerichte besteht auch für eine Schadensersatzklage wegen einer Verletzung eines im Ausland belegenen Rechtsguts, etwa eines Patent-,[45] oder eines Warenzeichenrechts[46]. Nicht zuletzt können grenzüberschreitend gerichtlich auch Unterlassungsansprüche verfolgt werden[47], die sich auf Handlungen auf ausländischem Territorium beziehen.

---

[41] IPRspr. 1974, Nr. 188.
[41a] wie N. 41.
[42] OLG Nürnberg, IPRspr. 1980, Nr. 144.
[43] KG JW 1922, 400; OLG Nürnberg, IPRspr, 1980, 144.
[44] In der Schweiz etwa gibt es keine Zuständigkeit am Erfüllungsort (s. für den Zürcher Zivilprozeß *Walder/Bohner,* Der neue Zürcher Zivilprozeß 1977, S. 94 ff.). Es muß also am nicht-schweizerischen Wohnsitz des Beklagten geklagt werden, wenn das Verbringen einer Sache von einem schweizerischen Ort an einen anderen begehrt wird.
[45] OLG Düsseldorf, IPRspr. 1966/67 Nr. 183 = GRUR 1968, 100.
[46] BGHZ 22, 1 (13).
[47] *Wengler,* RGRK[12] § 15 c 4 macht dazu nur zur Voraussetzung, daß anwendungswilliges ausländisches Recht angewandt wird.

Gilt dies alles für Handlungen, die einer Prozeßpartei im Endurteil angesonnen werden, so kann für deren Mitwirkungspflichten im laufenden Verfahren nichts anderes gelten, jedenfalls nicht unter völkerrechtlichen Aspekten. Dies kommt für Deutschland nur nicht in der gleichen Weise ans Licht der Öffentlichkeit wie für die USA, weil wir im Zivilverfahren kaum inquisitionsbefugte Funktionsträger kennen. Kein Gericht käme aber etwa auf den Gedanken, es dürfe einen Beklagten nicht zu den vielfältigen, praeter legal entwickelten Aufklärungshandlungen[48] heranziehen, ihn nicht zur Vorlage von Urkunden, Handelsbüchern (§ 4 HGB), von Stammbäumen, Plänen, Rissen und Zeichnungen, auch erst neue anzufertigenden[49], auffordern, nur weil er im Ausland wohnt. Auch Anhaltspunkte dafür, daß der entgegen einer Anordnung des Gerichts nicht persönlich erscheinende klagende oder beklagte Auslandsbewohner nicht mit Ordnungsgeld belegt werden könnte, sind in der einschlägigen Literatur nicht zu finden. Daß bei weit entferntem Wohnsitz Zumutbarkeitsgesichtspunkte eine Rolle spielen können, steht auf einem ganz anderen Blatt (§ 141 I 2 ZPO).

In einem Spezialfall gibt auch unser Zivilprozeßrecht sehr einschneidende Inquisitionsbefugnisse, nämlich dann, wenn Abstammungsfragen eine Rolle spielen, vor allem also im Vaterschaftsprozeß. Dort ist es charakteristischerweise unangefochtene Praxis, eine Beweiswürdigung zu Lasten des beklagten Mannes vorzunehmen, der sich im Ausland aufhält und es ablehnt, sich einer Blutgruppenuntersuchung zu unterziehen[50], auch und gerade dann, wenn und wo das Recht seines persönlichen Aufenthalts zwangsweise Blutentnahmen nicht ermöglicht und diese daher auch im Rechtshilfewege nicht erreichbar sind[51]. Man ist sich auch darin einig, daß die im § 372 a vorgesehenen Zwangsmittel auch gegenüber ausländischen Beklagten vollzogen werden können, wenn dies auf dem Boden der Bundesrepublik möglich ist[52]. Die Gerichte kapitulieren immer nur vor der faktischen Aussichtslosigkeit, gegen den in der Bundesrepublik vermögenslosen Beklagten etwas zu erreichen[53].

---

[48] Dazu neuerdings *Stürner* ZZP 98 (1985) 237 ff.

[49] *Zöller/Stephan*, ZPO[14] Anm. 2; Stein-Jonas *(Leipold)*[20] § 142 Rdn. 2.

[50] Hamburg, DAVorm. 1982, 691; 1976, 49 (52); 1976, 625 (627); Braunschweig, DAVorm 1981, 51; Köln, DAVorm. 1980, 850; 1975, 418 (422); KG ZBlJR 1976, 255 (256); Karlsruhe, DAVorm. 1976, 627 (630); *Odersky*, FamRZ 1975, 440 (446 f.); *Palandt/Diederichsen*[44] § 1600 o BGB Anm. 2 b hh. A. A., aber ohne die prinzipielle Frage anzusprechen, Karlsruhe, FamRZ 1977, 341.

[51] *Zöller/Philippi* ZPO[14] § 640 Rdn. 48.

[52] *Hausmann* FamRZ 1977, 302 (303).

[53] Braunschweig, Stuttgart, Karlsruhe (wie N. 50).

Schließlich haben sich auch die Gerichte der Finanzgerichtsbarkeit, ohne darin ein Problem zu sehen, für befugt erklärt, Steuerschuldner dazu anzuhalten, Urkunden zu beschaffen, die sich im Ausland befinden, etwa bei einer konzernverbundenen Gesellschaft[54]. Für das finanzbehördliche Verfahren gilt Entsprechendes seit langem als selbstverständlich. Der RFH[55] hatte schon vor mehr als 50 Jahren entschieden, ein im Reich steuerpflichtiges Unternehmen mit Verwaltungssitz im Ausland müsse zum Zwecke einer Betriebsprüfung alle seine Unterlagen auf deutsches Territorium verbringen.

Allerdings dürfte es unserem rechtsstaatlichen Empfinden zuwiderlaufen, eine Beweiswürdigung zu Lasten der ausländischen Prozeßpartei auch dann vorzunehmen, wenn diese durch Gesetzgebung oder Behördenakte ihre Heimatstaates an der ihr angesonnenen Mitwirkung verhindert ist. Jedoch ist dieser Konfliktsfall in Europa, soweit ersichtlich, noch kaum von einem Autor oder Gericht angesprochen worden[56]. Allerdings hat der BFH Art. 273 des Schweizerischen Strafgesetzbuchs deshalb schlicht ignoriert, weil er Auskünfte an ausländische Steuerbehörden diskriminiert[57].

Dieser Befund zeigt deutlich, daß die Vorstellung, eine im Ausland wohnende Prozeßpartei träfe die gleichen prozessualen Pflichten wie eine inlandsansässige in Deutschland, als selbstverständlich angesehen wird und die einzige Grenze die Vollstreckungsmöglichkeit von Sanktionen auf inländischem Territorium darstellt. Auch in Frankreich, und Italien, wo der zivilgerichtliche Ermittlungsrichter – in Frankreich „juge de la mise en état" – allumfassende Beweiserhebungsmöglichkeiten besitzt und als Sanktionen sowohl Beweiswürdigung zu Lasten des Widerspenstigen wie die Anordnung von Geld- und Haftstrafen zur Verfügung stehen[58], ist dem veröffentlichten Material nicht die geringste Andeutung zu entnehmen, daß dies gegenüber Auslandsbewohnern nur eingeschränkt soll gelten können.

---

[54] BFH BStBl 1981 II 482 = BFHE 118, 553 = RJW 1981, 497 mit krit. Bespr. *Hanggartner* RJW 1982, 176.

[55] Urt. v. 27. Sept. 1933, RStBl 1933, 1188. S. auch u. bei N. 93.

[56] Ausnahme: *Großfeld*, Inländische Auskunftspflichten und ausländische Auskunftsverbote im internatioalen Steuerrecht, FS Michaelis (1970) 117 ff., der den Vorrang eines nicht diskriminierenden ausländischen Auskunftsverbotes nur dann annehmen will, „wenn wirklich ganz überwiegende wirtschaftliche und finanzpolitische Interessen dadurch geschützt werden sollen". Der Autor geht allerdings auf das m. E. zentrale Problem der zulässigen Sanktionen nicht ein. Eine Steuerschätzung sine ira et studio muß wohl immer möglich sein.

[57] N. 54.

[58] Art. 11 nouveau code de procédure civile (Text Note 17); Art. 210 codice di procedura civile.

Bei diesem Bewußtseinsstand kann es keine Regel des Völkergewohn-heitsrechts geben[59], die es Gerichten und Behörden eines Staates verböte, auf fremdem Territorium oder aus fremdem Territorium heraus vorzu-nehmende Handlungen anzuordnen und die Nichtbefolgung solcher Anordnungen zu sanktionieren. Im Kartellrecht der Bundesrepublik[60] (§ 98 II GWB) der EWG und der USA[61] ist das Auswirkungsprinzip heute festgefügt, wenn auch inzwischen größere Anforderungen an das Gewicht wettbewerbsschränkender Auswirkungen auf das Inland gestellt werden, als dies früher der Fall war. Regierungen verschiedener Staaten haben zwar in „amici-curiae"-Erklärungen vor amerikanischen Gerichten immer wieder behauptet[62], auf fremdem Territorium vorzunehmende Handlun-gen oder Unterlassungen könnten in völkerrechtlich zulässiger Weise nicht Gegenstand eines „inländischen" Gerichtsverfahrens sein. Den Beleg für die Richtigkeit dieser Behauptung sind sie jedoch allesamt schuldig geblieben. Es gibt auch keine Regel des Völkerrechts, die es verböte, einem Ausländer eine Verpflichtung aufzuerlegen, die gegen seine „heimischen" Gesetze verstößt[63].

Im Prinzip anders zu entscheiden, würde auch auf Kosten der prozes-sualen Waffengleichheit gehen. Die ausländische Partei hinsichtlich ihrer

---

[59] *Meessen*, Antitrust Jurisdiction Under Customary International Law, 78 Am. J. Int'l L. (1984) 783 ff., 798 ff.; Wengler, RGRK § 3 d; *Schlochauer*, Die exterrito-riale Wirkung von Hoheitsakten (1962) 41 ff.; *Rehbinder* in Immenga-Mestmäcker GWB (1981) § 98 Rdn. 329 ff.; *Großfeld*, Basisgesellschaften im internationalen Steuerrecht (1974) 183 ff., 211 ff.; *ders.* FS Michaelis (1970) 122; Federal Maritime Commission v. DeSmedt 366 F. 2d 464 (2d Cir.), cert. denied, 385 U.S. 974 (1966). Bezogen auf die Anordnung, im Ausland belegene Beweismittel zum inländischen Forum zu schaffen, ebenso: *Stürner*, ZVglRW 1982, 160, 174; *Nordmann*, Die Beschaffung von Beweismitteln aus dem Ausland durch staatliche Stellen (1979) 77 ff., 116; KG („Morris/Rothmans") WuW 1984, 233, 235 m. w. N.

[60] RS 48/69 EuGHE VIII (1972) 619; RS 52/69 EuGHE VIII (1972) 787; RS 53/ 69 EuGHE VIII (1972) 845; EG-Kommission v. 19.12.1984 ABl. EG 1985 L 85 p. 1 v. 26.3.1985 („Zellstoff-Hersteller") s. Notiz WuW 1985, 1013. *Grabitz*, Kommentar zum EWGV Art. 85 Rdn. 11 ff.; *v. d. Groeben*, Kommentar zum EWGV² vor Art. 85 Rdn. 29 ff., insbes. 32; *Habscheid*, Territoriale Grenzen der staatlichen Rechtsetzung, Berichte der Deutschen Gesellschaft für Völkerrecht, Heft 11 (1973) 47 ff.

[61] Heute maßgebend: Timberlane Lumber Co. v. Bank of America, N.T. & S.A., 549 F. 2d 597, 613–15 (9th Cir. 1976); Montreal Trading Ltd. v. Amax Inc., 661 F. 2d 864 (10th Cir. 1981); cert. denied, 455 U.S. 1001 (1982); Mannington Mills, Inc. v. Congoleum Corp., 595 F. 2d 1287 (3d Cir. 1979) W.N. bei *Meessen* (N. 59) Fn. 72–75.

[62] Z. B. N. 24, 25.

[63] *Wengler*, Völkerrecht I (1964) 944; *Großfeld* (N. 56), 122 m. w. N. gegen *Klaus Vogel*, Der räumliche Anwendungsbereich der Verwaltungsrechtsnorm (1965) 398 f., 415.

prozessualen Mitwirkungspflichten schonender zu behandeln als die inländische, wäre fürwahr unerträglich. Das Prinzip des kleinsten gemeinsamen Nenners zu wählen und der inländischen Prozeßpartei auch nur das abzuverlangen, was von der ausländischen erwartet werden darf, wäre es nicht weniger.

3. Die neuere fremden- und völkerrechtliche Diskussion in den USA

a) Wir Europäer haben in der Entscheidungs- und Vollstreckungsgewalt der Gerichte kaum je ein völkerrechtliches Problem gesehen, sofern der Ort der Gerichtstätigkeit im Inland bleibt. Es besteht also kein Grund, sich über das Schicksal jenes kanadischen Bankiers zu erregen, der die Niederlassung seiner Bank auf den Cayman Islands besuchen wollte und bei einer Zwischenlandung in Miami verhaftet wurde, um als Zeuge auszusagen[64]. Jeder Ausländer, der sich, und sei es noch so vorübergehend oder kurzfristig, auf deutschem Boden aufhält, ist hier zeugnispflichtig[65]. Wir kennen in Europa zwar keine zivilprozessuale Großinquisition und reagieren deshalb irritiert, wenn europäische Firmen „exterritorial" in ein groß angelegtes „pre-trial discovery" verwickelt werden. Im „exterritorialen" Geltungsanspruch unserer eigenen Gerichtsentscheidungen sind wir aber viel rigoroser als die Amerikaner. Unser Grundverständnis vom Charakter prozessualer Normen hindert uns sogar daran, jenes im Grunde erstaunliche Maß an Rücksicht auf das Ausland zu nehmen, das die amerikanischen Gerichte unter dem Stichwort „comity considerations" und den sich daran anschließenden „balance of interest test" entwickelt haben[66]. Letzteres konnten sie leisten, weil der amerikanische Richter ein sehr weites Ermessen hat, wenn er mit Anträgen befaßt ist, „discovery orders" zu erlassen. In Deutschland, wohl aber nicht in gleichem Maße in anderen europäischen Staaten, gibt es eine solche Ermessensbefugnis

---

[64] United States v. Field, 532 F. 2d 404 (5th Cir.), cert. denied, 429 U.S. 940 (1976).

[65] *Kleinknecht/Meyer*, StPO[34] § 51 Rdn. 15; *Müller/Sax/Paulus*, StPO (1980) vor § 48 Rdn. 26; *Roxin*, Strafverfahrensrecht[18] S. 145; *Tipke/Kruse* AO (1977) § 93 Rdn. 93. Man verweist auf den Begriff der Gerichtsbarkeit (Stein-Jonas *[Schumann-Leipold]*[19] vor § 373, Anm. VI 1 a), der sich auf alle dem räumlichen Machtbereich des Staates unterworfene Personen erstrecken soll [Stein-Jonas *Schumann*][20], Einleitung Rdn. 655). S. dazu etwa LG Göttingen, JW 1932, 3833: Ordnungsstrafe gegen einen während seines Deutschlandsaufenthaltes geladenen Ausländer, der inzwischen wieder in seine Heimat zurückgekehrt war. *Wengler*, RGRK[12] § 15 c 2 verlangt aus der Sicht des Völkerrechts freilich mindestens gewöhnlichen Aufenthalt als Voraussetzung für strafbewehrte Handlungspflichten.

[66] S. o. bei N. 28.

nicht: Relevante Beweise müssen erhoben werden, so lange nicht spezifi-
sche Hinderungsgründe, wie etwa ihre völkerrechtliche Unzulässigkeit,
entgegenstehen. Comity-Gesichtspunkte haben sich noch nicht zu Regeln
des Völkergewohnheitsrechts entwickelt[67].

Hinzu kommt, daß wir die internationale Zuständigkeit unserer
Gerichte rein an den inländischen Ort des Schadenseintritts oder der
Erfüllungshandlung anknüpfen, während die Amerikaner in neuerer Zeit
nicht nur die internationale Zuständigkeit[68] von US-Gerichten, sondern
sogar deren Gerichtsbarkeit davon abhängig gemacht haben, daß ein Fall
von „doing business" vorliegt. Diese Einschränkung gilt auch gegenüber
auskunfts- und vorlagepflichtigen Dritten. Gerade auch in dem eingangs
geschilderten, u. a. das Landgericht Kiel beschäftigenden und die Deutsche Bank betreffenden Fall ist dies von amerikanischer Seite ausdrücklich
so festgehalten worden[69].

b) Die Amerikaner haben obendrein einen sehr interessanten Versuch
gemacht, das Problem in einer umfassenden Weise anzupacken. Schon im
Restatement of Foreign Relations Law von 1965[70] ist im Grundsatz nur die
US-Nationalität der Beteiligten oder die Lokalisierung ihres Verhaltens
auf amerikanischem Territorium als gerichtsstandsbegründend anerkannt
worden. Die lange Zeit in manchen Bereichen wie dem des Kartellrechts
angewandte „effects doctrine"[71] ist durchaus als Ausnahme dazu empfun-
den worden[72]. Gegenwärtig ist eine Neufassung in Arbeit, die schon weit
fortgeschritten ist[73]. Man will jetzt etwa unterscheiden zwischen „prescriptive jurisdiction", „jurisdiction to adjudicate" und „enforcement
jurisdiction"[74]. Der erstere Begriff meint völkerrechtliche Begrenzungen
der Anwendbarkeit eines amerikanischen Gesetzes oder einer gerichtlich
entwickelten Common-law-rule. Einzelheiten interessieren hier weiter
nicht. Für vorliegenden Zusammenhang wichtig ist nur folgendes: In allen
drei Bereichen ist die „Gerichtsbarkeit" eines Staates von engen Kautelen
abhängig. Man erkennt also generell eine völkerrechtliche Begrenzung der
Gerichtsgewalt an, und nicht nur, wie bei uns, im Hinblick auf die
territorialen Grenzen der Zwangsvollstreckung.

---

[67] KG („Morris/Rothmans") WuW 1984, 233, 241.

[68] Seit Shaffer v. Heitner, 433 U.S. 186 (1977) wird auch die sogenannte
„transient rule" als nicht mehr anwendbar bezeichnet.

[69] In re Grand Jury 81-2, 550 F. Supp. 24 (W. D. Mich 1982).

[70] Restatement (Second) of Foreign Relations Law of the United States (1965).

[71] Zu deren heute eingeschränkter Gestalt s. N. 61.

[72] Dazu etwa *Hight*, 33 Depaul L.R. 183, 185 (1983).

[73] Restatement (Revised) of Foreign Relations Law (Tent. Draft No. 6, vol. 1,
Apr. 12, 1985).

[74] § 401.

Der Formulierungsansatz zur „prescriptive jurisdiction"[75] ist sogar erstaunlich zurückhaltend, was freilich seinen Grund darin hat, daß amerikanische Gerichte sehr viel weniger leicht als die unsrigen geneigt sind, fremdes Recht anzuwenden. Entgegen manchmal in der europäischen Literatur zum internationalen Privatrecht anzutreffender Gleichgültigkeit gegenüber völkerrechtlicher Grenzen nationaler Gesetzgebung muß ein Staat danach einen vernünftigen Anknüpfungspunkt haben, wenn er auf Fallgestaltungen sein eigenes Recht angewandt wissen will; ob durch Akte der Gesetzgebung oder durch Richterrecht, macht insoweit keinen Unterschied[76].

Die Mitwirkung von Prozeßparteien und Dritten bei der gerichtlichen Aufklärung des Sachverhalts ist nach der Systematik der Entwürfe[77] als ein Fall der „enforcement jurisdiction" ausgewiesen, freilich ganz unabhängig von den übrigen Vollstreckungsproblemen behandelt. Für unsere Zwecke am interessantesten ist wiederum die besondere Rücksicht, die man auf Auslandsbewohner nimmt: Keine generelle Ausforschung mehr! Auch nicht mehr „kaukasischer Kreidekreis"!: Eine Prozeßpartei, die gegen heimische Gesetze verstoßen müßte, um einer „discovery"-Anordnung nachzukommen, riskiert im allgemeinen nur noch „adverse fact finding"[78].

c) Karl Meessen, der selbst als einer der ausländischen Experten an der Neufassung des Restatement beteiligt ist, hat mit Recht kritisch geltend gemacht, daß im vorliegenden Entwurf *völkerrechtliche Erwägungen und fremdenrechtliche Rücksichtnahme* miteinander verquickt sind[79]. Das Völkerrecht verlangt, wenn eine ausländische Partei schon gerichtspflichtig ist, klassischerweise keineswegs, daß sie bei der Verhängung von Sanktionen stärker geschont wird als die inländische. Das Restatement wird in seiner Neufassung den Auslandsbewohner also wesentlich zuvorkommender behandeln, als das Völkerrecht es gebietet. Das macht seinen

---

[75] § 402.

[76] So mit Recht *F. A. Mann*, Reden zum 50. Doktorjubiläum von F. A. Mann (Bonn 1982) 22 ff. Interessant unter diesem Gesichtspunkt auch Federal Trade Commission v. Compagnie de Saint-Gobain-Pont-à-Mousson, 636 F. 2d 1300, 1316 (D. C. Cir. 1980), wonach exterritoriale „discovery" nicht eingesetzt werden darf, wenn es darum geht, erst einmal herauszufinden, ob amerikanische Gerichtsbarkeit besteht.

[77] § 437 im Kapitel über „enforcement jurisdiction" (N. 73).

[78] Dies auch sehr stark befürwortet von Mehren, Transnational Litigation in American Courts: An Overview of Problems and Issues, Dickinson Journal of International Law 1984, 43 ff., 50 ff.; ders., Discovery Abroad: The Perspective of the U.S. Private Practitioner, 16 N.Y.U. J. Int'l L. & Pol. 957 (1984).

[79] *Meessen* (N. 59), 801 ff.

guten Sinn angesichts der im internationalen Vergleich völlig aus dem
Rahmen fallenden Befugnisse der amerikanischen Gerichte.

Man kann daher auch nur hoffen, daß die Securities and Exchange
Commission mit ihrem jüngsten, heftig umstrittenen Verlangen[80] nicht
durchdringen wird, jede Inanspruchnahme des amerikanischen Wertpa-
piermarktes als Verzicht auf das Bankgeheimnis zu werten. Allein die
Tatsache, daß mit einem unterstellten Verzicht des ausländischen Bank-
kunden gearbeitet werden soll, zeigt aber, unter welchen Argumenta-
tionsdruck die offizielle amerikanische Seite inzwischen gelangt ist.

Alles spricht im übrigen dafür, daß sich in naher Zukunft striktere
völkerrechtliche Regeln zur exterritorialen Rechtsanwendung herausbil-
den werden. Die Notwendigkeit dazu drängt sich den deutschen Gerichten, denen Comity-Erwägungen verschlossen sind, naturgemäß eher auf
als den amerikanischen. Im Philip-Morris-Beschluß des KG[81] ist peinlich
genau darauf Bedacht genommen worden, den Auslandssachverhalt nicht
intensiver zu regeln, als zur Bekämpfung der Inlandsauswirkungen uner-
läßlich ist. Weil der Gedanke einer ermessensmäßigen Rücksichtnahme
auf die Belange anderer Staaten uns wenig vertraut ist, mußte das KG
freilich das völkerrechtliche Einmischungsverbot bemühen, um festen
Boden unter den Füßen zu erhalten. So ungewohnt dieser Rechtsbegriff
im Zusammenhang mit Privatrechtsverhältnissen auch anmuten mag:
Damit ist der Weg gezeigt, den das Völkerrecht im Interesse einer
halbwegs koordinierten Weltrechtsordnung nehmen muß. Im Beweis-
recht besteht allerdings die Schwierigkeit, daß erst nach vollständiger
Aufklärung erhellt, welche Inlandsinteressen betroffen sind. Jedoch ist
der Gedanke des KG auch insoweit ausbaufähig: Auch ein Übermaß an
exterritorialer Aufklärungserzwingung ist völkerrechtswidrig: Großflä-
chige Ausforschungserzwingung ins Blaue hinein, ist mehr als nur ein
Verstoß gegen internationale „comity". Auch die Härte von Sanktionen
kann einen Punkt erreichen, wo sie überverhältnismäßig wird, wenn man
sie zu dem zu schützenden Inlandsinteresse in Beziehung setzt (dazu auch
unten III 2. e).

d) Vielleicht wird man langfristig dort und hier einen Vorschlag von
Großfeld und Rogers[82] aufgreifen, der, jenseits aller völkerrechtlichen
Erwägungen stehend, im Anschluß an deutsche IPR-Lehren zur Sonder-
anknüpfung öffentlich-rechtlicher Normen jüngst gemacht worden ist.
Großfeld spricht von einem *shared values approach*". Gesetze, die sich

---

[80] SEC Release No. 21, 186 (July 30, 1984).
[81] N. 67 C.S. 1 u. S. 239.
[82] Int'l & Comp. L.Q. 931, 939 (1983).

speziell gegen das Ausland richten („blocking statutes"), braucht der ausländische Richter nicht anzuwenden[83], wohl aber etwa die Grundsätze über das Bankgeheimnis, die einen Wert allgemein schützen, den im Grunde auch die USA anerkennen. Allerdings muß sich, wer so denkt, auch die Frage stellen, ob nicht auch wir die „discovery"-Strategien als „shared values" anerkennen müssen, die die USA zur Eindämmung der sie aus dem In- und Ausland besonders bedrohenden Wirtschaftskriminalität entwickelt haben. Immerhin könnte der Gedanke auch bei uns zum Einfallstor für eine richterliche Interessenabwägung bei Fällen werden, wo anerkennenswerte Belange des Auslands im Spiel sind.

e) Schließlich lassen sich der amerikanischen Rechtsentwicklung auch noch Anregungen abgewinnen, die scheinbar auf einer ganz anderen Ebene liegen. Verborgen hinter „comity"-Erwägungen stecken nämlich, vielfach unbewußt, Sorgen um den *Fairness-Standard der Verfahren gegenüber der ausländischen Prozeßpartei.* Den Grundsätzen eines fairen Gerichtsverfahrens hat auch das Bundesverfassungsgericht Verfassungsrang zuerkannt[84]. Sie können im Einzelfall eine Sonderanknüpfung ausländischen Rechts, auch ausländischen Prozeßrechts, rechtfertigen. Ideen des US-Supreme Court[85] vermögen auch insoweit als Vorbild zu dienen.

Ein Beispiel soll zeigen, wie sehr uns die aus der amerikanischen Begriffswelt übernommene verfassungsrechtliche Generalklausel des „due process of law" auch in diesem Bereich inspirieren kann: Die deutsche Mutter eines nicht-ehelichen Kindes gibt an, in der Empfängniszeit nur anläßlich eines Ferienaufenthalts in Italien mit einem Italiener verkehrt zu haben. Das Jugendamt klagt gegen diesen Mann zulässigerweise in Deutschland auf Feststellung der Vaterschaft. Es wäre sicherlich unfair, ihn mit Rücksicht auf sein eventuell in der Bundesrepublik belegenes Vermögen mit Ordnungsgeld zur Duldung einer Blutentnahme zwingen zu wollen, obwohl sein Heimatrecht ihm dies nicht zumutet. Ganz generell kann der Grundsatz eines fairen Verfahrens zu Einschränkungen der Pflichten und Lasten von Prozeßbeklagten führen, die nur im Gerichtsstand des Vermögens zu belangen sind, wohl auch von Prozeßparteien, die nur im Gerichtsstand des Schadenseintritts verklagt werden konnten, wenn man diese beiden Gerichtsstände nicht ohnehin schon als exorbitant und daher verfassungsrechtlich unfair zu qualifizieren, sich

---

[83] S. auch *ders.* in Fn. 53, 124 ff.

[84] Dazu *Schumann*, Bundesverfassungsgericht, Grundgesetz und Zivilprozeß, ZZP 96 (1983), 137 ff., 160 ff. m. umf. N. in Fn. 98.

[85] *Großfeld* (N. 56) weist mit Recht auf folgende Urteile hin: Western Union Telegraph Co. v. Pennsylvania, 368 U.S. 71 (1961); Société Internationale Pour Participations Industrielles et Commerciales, S.A. v. Rogers, 357 U.S. 197 (1958).

aufrafft. Auch insoweit kann die neuere amerikanische Rechtsprechung (II 3 a) Vorbild sein. Schließlich kann man auch einen ausländischen Drittschuldner, wenn sich die Pfändung durch ein deutsches Nachlaßgericht als möglich erweisen sollte, schwerlich ohne Rücksicht auf sein Heimatrecht an die in § 840 ZPO angeordnete Auskunftspflicht binden.

Anstatt von Sonderanknüpfungen kann man auch davon sprechen, daß „sachrechtliche Generalklauseln" die für auslandsverstrickte Sachverhalte nötigen Sonderwertungen tragen. So wie etwa aus einem solchen Gesichtspunkt trotz Anwendbarkeit des deutschen Scheidungsfolgenstatuts nach § 1587 c Nr. 1 BGB der Versorgungsausgleich ausgeschlossen sein kann[85a] können mit Rücksicht auf die Ausländereigenschaft von Beteiligten auch Prozeßrechtsnormen unanwendbar werden. Freilich werden solche Sonderrücksichtnahmen immer Ausnahmefälle bleiben.

Mehr kann man hierzulande aber auch von den Amerikanern nicht erwarten.

Personen und Gesellschaften, die in völkerrechtlich legitimer Weise in ausländische Gerichtsverfahren gezogen werden, unterliegen dort im Prinzip den gleichen Rechten und Pflichten wie einheimische Prozeßbeteiligte. Diese Erkenntnis muß auch Auswirkungen auf die Antwort zu zwei Sonderproblemen haben, über deren Behandlung durch amerikanische Gerichte man sich in Europa ebenfalls sehr erregt hat. Es geht einmal um die Einwirkung auf beklagte Unternehmungen, damit diese, wie es heißt, Betriebsangehörige als Zeugen „zur Verfügung stellen" (4). Zum anderen handelt es sich um den Durchgriff durch die juristische Person (5). Der Brisanz beider Stichworte liegt darin, daß mit ihnen ein Weg gezeigt zu sein scheint, um die Umständlichkeiten der Beweisaufnahme über das Haager Übereinkommen zu vermeiden.

4. Betriebsangehörige des Beklagten als Aussagepersonen

Bezüglich der Zeugen konnten die amerikanische Gerichte auf die Idee, sich an die Parteien selbst zu halten, deshalb kommen, weil sie einen dialektischen Zeugenbegriff kennen. Es gibt dort nur Zeugen der einen oder der anderen Seite. Von einem Vorgang, der nicht neutrale dritte Personen, sondern die Gegenseite betrifft, geht man daher auch aus, wenn deren Betriebsangehörige befragt werden sollen.

a) Die amerikanische Praxis zieht meist *schriftliche Befragungen* („*interrogatories*") vor. Der beklagten ausländischen Firma wird einfach

---

[85a] BGH NJW 1982, 1940 und zu dieser und ähnlichen Situationen die grundlegende Schrift von *Hans-Joachim Hessler*, Sachrechtliche Generalklausel und Internationales Familienrecht (1985).

aufgegeben, ihre Betriebsangehörigen anzuweisen, sie sollten die gestellten „interrogatories" beantworten. Section 37 der Federal Rules of Civil Procedure begründet ausdrücklich eine Haftung der Partei für das prozessuale Fehlverhalten ihrer Betriebsangehörigen[86].

Auch gegen diese Art der „exterritorialen" Rechtsanwendung ist im Prinzip nichts einzuwenden. Eine ausländische Prozeßpartei kann sicherlich von ihrem ausländischen Wohnort aus einem deutschen Gericht eine eidesstattliche Versicherung zusenden, ohne Souveränitätsrechte ihres Heimatstaates zu verletzen. Dann muß es aber auch zulässig sein, daß ein deutsches Gericht von einer im Ausland wohnenden Person schriftliche Zeugenaussagen nach § 377 ZPO entgegennimmt. Daß diese dritten Personen eventuell einer solchen Aufforderung nur nachkommen, um der ihnen lästigen Inanspruchnahme im Wege der Rechtshilfe zuvorzukommen oder um Nachteile von der ihr verbundenen Prozeßpartei abzuwenden, macht keinen Unterschied. Die Aufforderung zur schriftlichen Zeugenaussage kann der dritten Person auch nach deutschem Recht ohne Inanspruchnahme von Rechtshilfe formlos[87] und daher auch über den deutschen Prozeßbevollmächtigten der ihr verbundenen Partei zugesandt werden. Zwar sagt § 39 ZHRO, auch eine schriftliche Befragung von Zeugen müsse über den Weg der internationalen Rechtshilfe geschehen. Als Begründung ist aber ausdrücklich die Möglichkeit der Verletzung ausländischer Souveränitätsrechte genannt, was bei Personen, die in den USA ansässig sind, gewiß nicht droht. Gegenüber Bewohnern von Deutschland wäre es ein arger und nach Art. 2 GG sicherlich nicht zulässiger Mißbrauch der Staatsgewalt, wenn sie auf diese Weise daran gehindert werden sollten, aus dem Ausland Post zu empfangen, in denen ihnen formlos mitgeteilt wird, sie hätten Gelegenheit, schriftlich Erklärungen gegenüber ausländischen Behörden oder Gerichten abzugeben. Auch wenn damit die Gelegenheit zu einer eidesstattlicher Versicherung des Erklärten verbunden ist, ändert dies an der rechtlichen Bewertung des Vorgangs nichts.

Allerdings ist es sicherlich nicht zulässig, dem Zeugen, der einer Prozeßpartei verbunden ist, persönlich Sanktionen für den Fall anzudrohen, daß er der Aufforderung, sich aus dem Ausland heraus schriftlich zu erklären, nicht nachkommt.

---

[86] Beispiel: Graco, Inc. v. Kremlin, Inc., 101 F.R.D. 503 (N.D. Ill. 1984).

[87] In Stein-Jonas (Schumann/Leipold)[19] § 377 Anm. IV ist von formloser Ladung die Rede. Dann muß Formlosigkeit auch für die Aufforderung zur Äußerung gelten, wenn auf die „Ladung" ganz verzichtet wird, was zulässig ist (Stein-Jonas [Schumann/Leipold] aaO. V 4); Zöller/Stephan[14] § 377 Anm. 3.

Auch kann durch Sanktionendruck auf die beklagte Prozeßpartei nicht erreicht werden, daß sie gestattet, dem klägerischen Anwalt Zugang zu ihrer ausländischen Geschäftsniederlassung oder ihren dortigen Agenturen zu gewähren, damit dort inquisitorische Nachforschungen angestellt werden können. Dabei spielt es nicht einmal eine Rolle, ob die beklagte Prozeßpartei im Gerichtsinland oder -ausland wohnt. Der ausländische Belegenheitsort ist das entscheidende Kriterium. Die kontinentaleuropäischen Staaten betrachten solche Inquisition als Eingriff in ihre Souveränität, selbst wenn die betroffenen Personen ganz freiwillig mitwirken. Dies so zu sehen, ist jeder Staat berechtigt, auch wenn amerikanische Gerichte darüber gelegentlich den Kopf schütteln[88].

b) Will das amerikanische Gericht auf *mündlichen Aussagen* bestehen („depositions"), so schien lange Zeit der Weg über das Haager Beweisaufnahmeübereinkommen unausweichlich[89]. Das Ansinnen, die beklagte Partei habe Betriebsangehörige in die USA zu schaffen, damit sie dort befragt werden können, hatten einige Gerichte sogar ausdrücklich abgelehnt[90]. Jedoch ist auch insoweit nunmehr der Bann gebrochen.

Vergleichsweise harmlos ist noch die Messerschmitt Boelkow-Entscheidung des Bundesberufungsgerichts von New Orleans[91] vom April d.J. Dort war der deutschen Beklagten aufgegeben worden, die Sachverständigen, die sie in der Hauptverhandlung zu präsentieren gedenke, schon vorher nach Amerika reisen zu lassen, damit sie von den Gegenanwälten befragt werden können.

Die im März dieses Jahres von eben diesem Gericht gefällte Entscheidung[92] durchschlug den vermeintlich gordischen Knoten radikal: In einer Produkthaftpflichtsache hat dieses Gericht die Kieler Schiffsmotorenfabrik Anschütz für verpflichtet erklärt, namentlich bezeichnete Betriebsangehörige auf Firmenkosten in die USA zu verbringen, damit sie dort ausgefragt werden können. Gerade damit werde, so meint das Gericht, jeder Eingriff in deutsche Souveränität vermieden.

---

[88] Völlig unhaltbar insoweit US Bundesberufungsgericht 5th Cir. (N. 21) 608 n. 13, wo gesagt ist, „freiwillige" Aussagen auf deutschem Boden würden vom Haager Übereinkommen überhaupt nicht tangiert.

[89] S. die in N. 24, 25 genannten Fälle, wo die Annahme der Entscheidung durch den Supreme Court (aller Wahrscheinlichkeit nach) nur deshalb abgelehnt worden ist, weil das Justizministerium erklärt hatte, den US-Konsularbeamten im Ausland würde die Aufnahme solcher „depositions" untersagt werden.

[90] Z. B. Pierburg GmbH & Co. KG v. Superior Court (N. 22).

[91] In re Messerschmitt Bölkow Blohm GmbH, No. 84–1877 (5th Cir. Apr. 18, 1985).

[92] In re Anschuetz & Co. GmbH (N. 21), 615.

Gewiß sträuben sich dem deutschen Leser einer solchen Entscheidung die Haare zu Berge. Dennoch hat das Gericht recht. Hat man erst einmal erkannt, daß Gerichte auch Handlungen anordnen können, die aus dem Ausland heraus vorzunehmen sind, dann läßt sich eine Ausnahme für das Verbringen von Personen zu einem ausländischen Gericht schwerlich begründen. Man muß bei leidenschaftsloser Betrachtung auch zugestehen, daß es in der Tat nicht die Absicht des Haager Beweisaufnahmeübereinkommens gewesen sein konnte, gerichtliche Befugnisse einzuschränken, die ohne das Vertragswerk bestanden.

Gewiß bringt diese Einstellung eine gewisse Benachteiligung gerade der ausländischen Prozeßpartei mit sich. Denn die Zeugen der inländischen können viel weniger umständlich an Ort und Stelle vernommen werden. Im umgekehrten Fall denken wir im Prinzip nicht anders. Die deutsche Finanzrechtsprechung steht seit Jahrzehnten auf dem Standpunkt, daß steuerpflichtige Gesellschaften mit Sitz im Ausland, „in erhöhtem Maße zur Mitwirkung bei der Aufklärung von Tatsachen verpflichtet sind"[93]. § 90 II AO sagt ausdrücklich, daß sie die Aufklärungsmittel beizubringen haben. Auch die Verpflichtung zur Gestellung aussagewilliger Zeugen ist darin potentiell eingeschlossen. Das einzige Problem, daß sich in diesem Zusammenhang stellt, das aber hier nicht weiter vertieft werden soll, kommt aus dem deutschen Arbeitsrecht. Muß ein Betriebsangehöriger einer Weisung Folge leisten, ins Ausland zu reisen, um dort vor einem Gericht auszusagen?

Im Einzelfall kann es allerdings gegen die Grundsätze eines fairen Verfahrens verstoßen, wenn einem Beklagten nicht die Kosten erstattet und vorgeschossen werden, die die Reise von u. U. zahlreichen Personen über den Atlantik mit sich bringen.

5. Beweismittel unter der Kontrolle von Tochter- oder Muttergesellschaften der Beklagten

Mittelbaren Druck wenden US-Gerichte auch in Fällen gesellschaftlicher Verschachtelungen an. Vor allem den Bankniederlassungen in den Steuerparadiesen der Schweiz und der Karibik wollen sie damit beikommen. Im Vetco-Fall[94] wurde ebenso wie einige Jahre zuvor im Fall First National City Bank[95] die amerikanische Muttergesellschaft unter Androhung von erheblichen Geldstrafen für jeden Tag der Zuwiderhandlung

---

[93] RFH, RStBl 1934, 382; BFH BStBl 1962 III 428; BFHE 93, 1 zust. *Großfeld* FS Michaelis (1970) 118, 119 – s. auch oben bei N. 55.
[94] United States v. Vetco (N. 34).
[95] United States v. First National City Bank (N. 33).

angehalten, Unterlagen herauszugeben, die sich bei der schweizerischen bzw. deutschen Tochtergesellschaft befanden. Im Vetco-Fall war dies deshalb besonders gravierend, weil die Selbständigkeit von Tochtergesellschaften nach dem einschlägigen Doppelbesteuerungsabkommen anzuerkennen war. Von eventuellen völkervertragsrechtlichen Einschränkungen abgesehen, ist aber die Gerichtspflichtigkeit von ausländischen Gesellschaften, die von Inländern beherrscht werden, völkerrechtlich akzeptabel. Es reicht für den Durchgriff, auch im Wege mittelbarer Sanktionen, die gegen die Muttergesellschaft verhängt werden, aus, daß die in Pflicht genommene Muttergesellschaft aufgrund der Konzernstruktur Kontrolle über die Beweismittel hat, die sich im Besitz der Tochtergesellschaft befinden. Außer den Mehrheitsverhältnissen spielen vor allem Personalunionen im Management der Gesellschaften eine Rolle[97]. In einem Falle mußte die (Wider-)Beklagte gar die Durchsuchung ihrer Agentur in Japan gestatten, die dort ein selbständiges Unternehmen ohne gesellschaftsrechtliche Tochtereigenschaft war[97a].

In der Sache Marc Rich wurde, wie auch sonst vielfach in einschlägigen Fällen, umgekehrt die amerikanische Tochter für Handlungen der ausländischen Mutter herangezogen[98]. Die kanadische Bank of Nova Scotia mußte gar schon des öfteren mit ihren unselbständigen US-Niederlassungen[99] für Tätigkeiten von Tochtergesellschaften auf den Cayman Islands, den Bermudas und Antigua geradestehen, über deren Geschäftsgebaren sie Auskünfte erteilen und aus deren Archiven sie Unterlagen herbeischaffen sollte. Besonders deutlich wurde das entscheidende Kriterium in einem den japanischen Konzern Toyota betreffenden Fall herausgearbeitet[100]. Es genügt, um Gerichtsbarkeit auch über die Muttergesellschaft anzunehmen, daß sie sich der Tochter bedient, um auf dem amerikanischen Markt Geschäftsfähigkeit zu entfalten. Am kühnsten in der Mißachtung selbständiger juristischer Personen war Richter Greene im Verfahren Laker ⁄ Lufthansa[101]. Weil die deutsche Bundesregierung Eigentümerin der Lufthansa (in Wirklichkeit: Mehrheitsaktionär) sei, könne sich

---

[96] *Nordmann* (N. 55) 113 f. Zweifelnd freilich *Großfeld* (N. 56) 129 f.
[97] So etwa Westinghouse Electric Corp. v. Rio Algom Ltd. (N. 34).
[97a] S. N. 5a.
[98] Marc Rich & Co., A.G. v. United States (N. 34), 665.
[99] United States v. Bank of Nova Scotia, 740 F. 2d 817 (11th Cir. 1984), cert. denied, 105 S. Ct. 778 (1985). Vorangehende Entscheidungen: 722 F. 2d 657 (11th Cir. 1983), cert. denied, 105 S. Ct. 778 (1985); 691 F. 2d 1384 (11th Cir. 1982), cert. denied, 103 S. Ct. 3086 (1983).
[100] United States v. Toyota Motor Corp., 561 F. Supp. 354 (C. D. Cal. 1983).
[101] Laker Airways Ltd. v. Pan American World Airways a. o., Nos. 82-3362, 83-0416, 83-2791, slip. op. (D.D.C. June 26, 1984).

diese nicht darauf berufen, daß in ihrer vom Bundesverkehrsminister erteilten Betriebserlaubnis Beschränkungen ihrer Befugnisse zur Erteilung von Auskünften stünden.

Sehen wir dem Common law-Juristen nach, daß er unsere Trennung von privatem und öffentlichem Recht nicht kennt. Gewiß haben die USA Anspruch auf Verständnis für ihre Erregung über die ungeheuere Kriminalitätsoffenheit, der sie aus der anrüchigen Geschäftswelt verschiedener karibischer Inseln ausgesetzt sind. Der fundamentale Wertungswiderspruch, der in einer solchen Inanspruchnahme exterritorialer Rechtsanwendung liegt, läßt sich um deswillen gleichwohl nicht übersehen. Man kann nicht juristische Personen zulassen, ihre Tätigkeit aber der Muttergesellschaft zurechnen, weil sie sich der Tochter bedient.

Allerdings haben wir auch insofern Anlaß, zunächst mit unseren eigenen Gerichten ins Reine zu kommen. Es mag zwar noch angehen, mit dem EuGH[102] die Muttergesellschaften verantwortlich sein zu lassen, wenn sie die Tochtergesellschaften nachgewiesenermaßen zu einem bestimmten Verhalten angewiesen oder veranlaßt haben. Aber schon in diesem Zusammenhang ist leider nicht geprüft worden, wieweit die Tochtergesellschaften überhaupt weisungsabhängig waren. Jedoch gehen die von verschiedenen nationalen Gerichten beanspruchten Befugnisse weit darüber hinaus. Der BFH[103] hielt es noch vor wenigen Jahren für richtig, zulasten einer deutschen Tochtergesellschaft deshalb Feststellungen treffen zu lassen, weil diese Belege aus der Verwaltung der Muttergesellschaft über deren Geschäfte nicht vorgelegt hatte. Die Belege waren für einen Vergleich von Veräußerungserlösen benötigt worden. Ob die Tochter gesellschaftsrechtlich überhaupt in der Lage war, ein solches Ansinnen durchzusetzen, spielte keine Rolle[104].

Allerdings läßt sich ein Verstoß gegen völkerrechtliches Fremdenrecht schwerlich daraus herleiten, daß die grundsätzlich bestehende Selbständigkeit einer juristischen Person in besonderen Zusammenhängen ignoriert wird. Rechtlich wehren kann sich ein dadurch oder sonst durch ausufernde „discovery"-Anforderungen Betroffener immer nur, wenn eine entsprechende amerikanische Gerichtsentscheidung im Inland Weiterungen haben soll. Handelt es sich um die Vollstreckung des letztlich ergehenden Sachurteils – solche Fälle kommen neuerdings auch vor – dann wird häufig der deutsche ordre public eine Anerkennungsbarriere aufrichten.

---

[102] Rs 53/69 s. N. 60.
[103] RiW 1981, 497 (N. 54).
[104] Dies zu Recht kritisierend *Hanggartner* RJW 1982, 176.

Neu aufgeworfen werden muß aber die Frage, ob nicht inländische Rechtsbehelfe auch zur Verfügung stehen, wenn der „erzwungen-freiwillige" Vollzug einer ausländischen Aufklärungsanordnung bevorsteht. Kann etwa die inländische Muttergesellschaft inländischen Rechtsschutz erlangen, wenn ihrer ausländischen Tochter eine Handlung anbefohlen wurde, die nur sie, die Mutter vornehmen kann? Etwa angenommen: Ein amerikanisches Gericht hielte sich nicht an den Ratschlag des neuesten Restatement-Entwurfes. Kann dann die betreffende deutsche Mutter- oder Tochtergesellschaft in Deutschland Rechtsschutz begehren? Die Frage betrifft nicht genau den Kieler Fall, denn dort ging es um eine unselbständige Niederlassung der Deutschen Bank in New York. Aber der Fall läßt sich leicht auch anders vorstellen. Das führt zum letzten Teil unserer heutigen Überlegungen.

III. Eingriffe der Gerichte des einen Staates in das Verfahren vor den Gerichten eines anderen Staates

1. Die Einstellung der Gerichte Großbritanniens und der USA

Schon eingangs ist festgehalten worden, daß die Gerichte von Common-law-Staaten die Befugnis in Anspruch nehmen, Personen, die aus irgendeinem Grunde ihrer Gerichtsgewalt unterliegen, an der Anstrengung von Gerichtsverfahren im Ausland oder an der Vornahme bestimmter Verfahrenshandlungen vor ausländischen Gerichten zu hindern. Die Inanspruchnahme der Befugnis ist jedenfalls im Prinzip kaum begrenzt.

Das hat der Laker-Prozeß an allen seinen Fronten in der denkbar nachhaltigsten Weise klargestellt: Die englische Billigfluggesellschaft Laker machte ein Kartellkomplott der führenden Fluggesellschaften der westlichen Welt für ihre Insolvenz verantwortlich. Lakers Konkursverwalter verklagte die gesamte Prominenz des westlichen Flugbetriebs – und zwar in New York. Diesen Gerichtsstand wählte er nicht nur wegen seiner Hoffnung auf die dort in erstaunlicher Höhe zuerkannten Schadensersatzsummen – „treble damage" – sondern auch deshalb, weil, wenn überhaupt, nur das amerikanische Antitrustrecht eine Anspruchsgrundlage zur Verfügung stellte. Die beiden britischen Beklagten, British Airlines und British Caledonien Airlines, wandten vor dem New Yorker Gericht nicht dessen Unzuständigkeit ein. Sie beantragten und erhielten vielmehr binnen Stunden beim Londoner High Court einstweilige Verfügungen, mit denen es Laker verboten wurde, den Prozeß ihnen gegenüber fortzusetzen. Kurz zuvor hatte schon eine britische Bank durch einstweilige Verfügung des High Court Laker daran gehindert, sie in das amerikanische Antitrust-Verfahren mit hineinzuziehen. Nach Erlaß dieser Verfügungen erwirkte Laker ihrerseits vom amerikanischen Gericht in New

York eine Anordnung, die es den verbleibenden amerikanischen und kontinentaleuropäischen Beklagten des New Yorker Verfahrens verbot, bei irgendeinem ausländischen Gericht etwas zu unternehmen, was Laker an der Fortsetzung des amerikanischen Verfahrens hindern könnte. Bis in die Berufungsinstanzen blieben jeweils beide Seiten erfolgreich[105]. Eine Kostprobe des Temperaments der englischen Richter ist hier schon gegeben worden. Der die Urteilsbegründung schreibende amerikanische Richter konterte seinerseits mit verächtlichen Seitenhieben auf die amerikanischen Anwälte, die nichts anderes zu tun hätten, als in eidesstattlichen Versicherungen („affidavits") die Verderbtheit des amerikanischen Prozeßrechts zu bestätigen[106]. Er betonte freilich feierlich seine Pflicht, allen die in den USA wohnten oder dort geschäftlich tätig seien, „due process and the equal protection of the laws" zu gewährleisten. Die 90 Druckseiten-Begründung der Berufungsentscheidung sind eine wahre Dissertation, deren Höhepunkt an Gelehrsamkeit hinauf zu Immanuel Kant führt. Dessen, wie es heißt, im „ethischen" Imperativ postulierten Standard an Verallgemeinerungsfähigkeit von eigenen Ansprüchen erreichten, wie der Richter meinte, die Verhaltensweisen der Engländer ganz gewiß nicht[107].

An der Front dieses speziellen Konflikts ist inzwischen Entspannung eingetreten, nachdem das House of Lords letztinstanzlich die „injunctions" der englischen Gerichte wieder aufgehoben hatte. Es hat dies aber nur im Hinblick auf den konkreten Fall getan: Angesichts der immerhin erheblichen Betroffenheit auch des amerikanischen Flugreisemarktes und deshalb, weil nur das amerikanische Recht eine einschlägige Anspruchsgrundlage kennt. Im übrigen hat das House of Lords aber die Befugnis der englischen Gerichte, Prozeßführung im Ausland zu verbieten, ausdrücklich bestätigt.

Amerikanische wie englische Gerichte betonen allerdings, daß derartiges nur mit großer Zurückhaltung geschehen kann[108]. Das House of Lords selbst nennt aber auch klare Anwendungsfälle des Rechtsgedankens[109].

---

[105] USA: Laker Airways Ltd. v. Pan American World Airways, 559 F. Supp. 1124 (D.D.C. 1983). England: N. 3.

[106] S. N. 105, 1133 N. 38.

[107] N. 105, S. 39.

[108] Cargill, Inc. v. Hartford Accident and Indemnity Co., 531 F. Supp. 710 (D. Minn. 1982). So ist etwa die vor Erhebung der amerikanischen Klage eingetretene Rechtshängigkeit in England kein Grund zu einem Verbot, wenn der Kläger auf Fortsetzung des Verfahrens in England verzichtet und dem englischen Beklagten die bereits aufgewandten Verfahrenskosten sowie etwa erhaltene Abschlagszahlungen ersetzt: Castanho v. Brown & Root (U.K.) Ltd. [1981] A.C. 557.

[109] N. 3.

Die Anrufung eines ausländischen Gerichts entgegen einer auf London
lautenden Gerichtsstandsvereinbarung ist sicherlich die denkbar glatteste
Situation. Sie ist jedoch keinesfalls die einzige Hypothese. In einer der
letzten Urteilsbegründungen, die von Lord Denning stammen, ging es um
folgenden Fall[110]: Ein englischer Erfinder hatte mit der britischen Tochtergesellschaft einer amerikanischen Mutter einen Lizenzvertrag geschlos-
sen. Als es zu Streitigkeiten kam, klagte er am amerikanischen Sitz der
Mutter gegen diese und gegen ihre britische Tochter – ganz offensichtlich
wegen der in den USA erhofften hohen Schadensersatzsumme und des
dem Kläger eines Zivilprozesses besonders günstigen Erfolgshonorarsy-
stems. Gerade an diesen beiden Spekulationen nahm der Londoner Court
of Appeal besonderen Anstoß und bestätigte das an den Erfinder gerich-
tete Verbot, die Prozeßführung in den USA fortzusetzen, soweit sie sich
gegen die britische Tochtergesellschaft richtete. Lord Denning meinte
freilich, auch im übrigen spreche alles dafür, daß ein Fall, der so „eng-
lisch" sei wie dieser, auch in England verhandelt und entschieden wird.
Das amerikanische Bundesberufungsgericht in Florida ist sogar so weit
gegangen, einer beklagten Partei zu verbieten, vor einem Gericht der
Bahamas auf Übereignung eines auf der Inselgruppe belegenen Grund-
stückes zu klagen[111]. Es ist noch kein Fall bekannt geworden, in dem ein
Staat sich mit diplomatischen Protesten dagegen gewandt hätte, daß
Personen durch Behörden oder Gerichte die Inanspruchnahme seiner
eigenen Behörden und Gerichte verboten worden ist. Gegen eine Regel
des Völkergewohnheitsrechts verstößt derartiges daher kaum.

2. Das Common-law – insoweit eine Anregung für uns?

Ersprießlicher, als den Einzelheiten des englischen und amerikanischen
„case law"[112] nachzuspüren, ist es daher, die Frage aufzuwerfen, ob
Vergleichbares auch in deutschem Prozeßrecht möglich ist. Die Frage ist
erstaunlicherweise wissenschaftlich überhaupt noch nie diskutiert worden. Das Landgericht Kiel hat allerdings einen ersten Schritt gewagt. Die

---

[110] Smith Kline & French Laboratories Ltd. v. Block, [1983] 1 W.L.R. 730.
[111] Bethell v. Peace, 441 F. 2d 495 (5th Cir. 1971).
[112] Aus den USA zu nennen sind etwa folgende Entscheidungen: Canadian
Filters (Harwich) Ltd. v. Lear-Siegler, Inc., 412 F. 2d 577, 578 (1st Cir. 1969);
Western Electric Co. v. Milgo Electronic Corp., 450 F. Supp. 835, 837 (S. D. Fla.
1978); Compagnie des Bauxites de Guinea v. Insurance Company of North
America, 651 F. 2d 877, 887 n. 10 (3d Cir. 1981), partially aff'd, 456 U. S. 694
("trial court did not abuse discretion by its finding of personal jurisdiction under
Fed. R. Civ. P. 37 (b) (2) (A) as a penalty for not complying with discovery
orders"), cert. denied as to remaining issues, 457 U. S. 1105 (1982).

mit ihm angesprochene Grundsatzproblematik hat es freilich nicht erkannt.

Sie besteht darin, daß ein Teil der Prozeßrechtsdogmatik auf dem Standpunkt steht, vor einem Gericht könne nicht auf die Vornahme einer Prozeßhandlung vor einem anderen Gericht geklagt werden. Begründet wird dies zum Teil mit mehr pauschal angestellten Erwägungen zum Rechtsschutzbedürfnis[113], zum Teil, so vor allem von Baumgärtel[114], mit dem Ausschluß der Klagbarkeit – diese wiederum hergeleitet aus dem Anspruch des Zweitgerichtes, die Zulässigkeit der vor ihm vorgenommenen Prozeßhandlungen unabhängig zu würdigen.

Jedoch gibt es auch Gegenstimmen[115], die fast schon herrschend geworden sind. Was in diesem Zusammenhang besonders aufschlußreich ist, ist jedoch die auffällige Tatsache, daß Wissenschaft und Rechtsprechung in Deutschland Klage und einstweilige Verfügung zur Durchsetzung oder Unterbindung von Prozeßhandlungen in anderen Verfahren dann als unproblematisch empfinden, wenn ein jeweils anderer Zweig der Gerichtsbarkeit betroffen ist. So gibt es eine Klage auf Rücknahme eines Strafantrages[116] sowie Rechtsschutzgesuche auf Vornahme oder Unterlassung von Anträgen bei Registerabteilungen der Gerichte der freiwilligen Gerichtsbarkeit[117], insbesondere bei den Grundbuchämtern. Das Reichsgericht hat sogar einmal eine einstweilige Verfügung zugelassen, durch die der Verfügungsgegner angehalten wurde, einen Wechsel nicht geltend zu machen; nur aufgrund dieser Verfügung konnte dann der Wechselprozeß einredeweise unzulässig gemacht werden[118]. In all diesen Fällen läßt sich auch weder ein Rechtsschutzbedürfnis leugnen, noch dem Gesichtspunkt Sinn abgewinnen, die Unabhängigkeit des Zweitgerichtes dürfe nicht tangiert werden. Im Grundbuchverfahren und im Wechselprozeß etwa könnte eine nicht urkundenmäßig belegbare Verpflichtung zur Nichter-

---

[113] Köln, MDR 1965, 134.

[114] FS Schima (Wien 1969) 41 ff., 49; *Konzen,* Rechtsverhältnisse zwischen Prozeßparteien (1976) 199 ff., 202; *Dölle,* FS Otto Riese (1964), 279 ff., 291.

[115] *Thomas/Putzo,* ZPO[13] § 894 Anm. 2b; Stein-Jonas *(Leipold)*[20] vor § 128 Rdn. 247; Zöller/Stöber[14] § 894 Rdn. 2; *H. J. Hellwig,* Zur Problematik des zivilprozessualen Vertrags (1968) 127; *Schlosser,* Einverständliches Parteihandeln (1968) 62.

[116] BGH NJW 1974, 900 (abl. *Mayer,* 1325); München MDR 1967, 223. Auch Klage auf Rücknahme einer verwaltungsgerichtlichen Klage ist schon zugelassen worden: OLG Bamberg, DVBl 1967, 55 (56 f.).

[117] S. die in N. 115 Erwähnten m. w. N. z. B. „Erwerbsverbot" in der Gestalt eines Verbots, einen Eintragungsantrag beim Grundbuchamt zu stellen. Dazu *Habscheid,* FS Schiedermair (1975), 245 ff.

[118] RGZ 69, 123.

greifung der Verfahrensinitiative nicht berücksichtigt werden. Nur durch einstweilige Verfügung ist dem abzuhelfen.

Ganz ähnlich verhält es sich aber auch dann, wenn ausländische Rechtsschutzinitiativen der Gegenseite drohen, die das deutsche Recht nicht billigt. Ob das Ausland den Mißbilligungsgrund ohne weiteres anerkennt, kann mitunter zweifelhaft sein. Jedenfalls wird es immer längere Zeit dauern, bis darüber Klarheit herrscht. Der in Deutschland zu Rechtsschutz berechtigten Partei könnte daher ohne Unterbindung des ausländischen Verfahrens erhebliche Belästigungen drohen, die später nicht wiedergutzumachen sind, etwa bezüglich außergerichtlicher, nicht erstattungsfähiger Kosten oder, wie im Kieler Fall, bei erzwungener Offenbarung von Information. Deshalb wollen wir uns zum Schluß die einzelnen in Betracht kommenden Fälle etwas näher ansehen. Das Nachfolgende kann freilich im Verhältnis der Staaten nicht gelten, für die das EuGVÜ in Kraft ist. Die dort niedergelegte Verpflichtung, die jeweils früher begründete Rechtshängigkeit anzuerkennen, schließt ein, daß die Gerichte nicht Verbote erlassen, Rechtschutzgesuche im EuGVÜ-Ausland anzustrengen. Eine Ausnahme gilt nur in den bei Fn. 122 behandelten Situationen.

a. Gerichtsstands- und Schiedsvereinbarungen

Mit Recht hat Lord Diplock im Laker-Fall betont, daß eine ausschließliche Gerichtsstandsvereinbarung zugunsten eines inländischen Gerichts der klarste Fall für Notwendigkeit und Zulässigkeit einer „injunction" gegen vereinbarungswidrige Rechtsschutzgesuche im Ausland ist. Jede Partei hat mit einer solchen Vereinbarung die Verpflichtung übernommen, ausländische Gerichte nicht anzurufen. Eine Musterprozeßvereinbarung ist insoweit einer Gerichtsstandsvereinbarung gleichzustellen[118a]. Ist die Vereinbarung nach deutschem Recht wirksam, so ist dies eindeutig ein Verfügungsanspruch i. S. des einstweiligen Rechtsschutzes, auch wenn das ausländische Recht die Gerichtsstandsvereinbarung nicht anerkennen sollte. Kommt ein Verfügungsgrund hinzu, so kann auch ein deutsches Gericht Klageerhebung oder Klagefortsetzung im Ausland verbieten.

Ganz Entsprechendes gilt, wenn die Inanspruchnahme ausländischer Gerichte unter Verstoß gegen einen Schiedsvertrag droht. Allerdings muß dann ein internationaler Gerichtsstand gegen den Beklagten begründet sein. Ein deutscher Schiedsort reicht aber aus, weil dann die Verpflichtun-

---

[118a] Royal Exchange Assurance Co. v. Compania Naviera Santi S. A. (1962) 1 Ll. L. R. 410.

gen aus dem Schiedsvertrag in Deutschland zu erfüllen sind. Man sollte sogar die Möglichkeit, Gerichtsstandsvereinbarungen mit einstweiligen Verfügungen zu sanktionieren, für das Verhältnis inländischer Gerichte zueinander ins Auge fassen. Bis das verabredungswidrig angerufene Gericht nach Durchführung einer mündlichen Verhandlung über die Zulässigkeit einer Klage entscheiden kann, können Monate vergehen. Ein „summary judgment", wie es England bei offensichtlich unzulässigen oder unbegründeten Klagen kennt, gibt es in Deutschland nicht. Unter Umständen kann nur auf dem Weg einer einstweiligen Verfügung durchgesetzt werden, daß der aus einer Gerichtsstandsvereinbarung Berechtigte rasch Rechtsschutz vor dem vereinbarten Gericht suchen kann.

b. Schutz vorher begründeter inländischer Rechtshängigkeit

Würde sich der amerikanische Part des Laker-Konflikts auf deutschem Boden abgespielt haben, so könnten deutsche Gerichte nicht umhin, ähnlich zu reagieren wie die amerikanischen[119]. Ist eine Klage vor einem einwandfrei zuständigen deutschen Gericht anhängig und besteht der Verdacht, daß der Beklagte bei Gerichten eines anderen Staates – typischerweise seines Heimatstaates – dem Kläger verbieten lassen möchte, den deutschen Prozeß fortzuführen, dann beeinträchtigt ein Erfolg des befürchteten Vorgehens den in der deutschen Verfassung verankerten Justizgewährungsanspruch des Klägers. Solches kann kein Staat hinnehmen. Ist jedoch die deutsche Klage später rechtshängig geworden, dann gibt es keinen Verfügungsgrund, das früher rechtshängig gewordene ausländische Verfahren zu stoppen, auch wenn wir dessen Rechtshängigkeit nicht anerkennen. Denn gerade weil wir die später begründete ausländische Rechtshängigkeit niemals anerkennen, können wir Entsprechendes auch gegenüber dem Ausland nicht erwarten.

c. Präventive Verhinderung der Vollstreckung ausländischer Urteile im Inland, in Drittstaaten oder in seinem Heimatstaat?

In einem amerikanischen Verfahren hatte der Richter eine „protective order" erlassen, die es der Klägerin untersagte, von Beweismaterial, das sie durch „pre-trial-discovery" erlangt hatte, im Ausland Gebrauch zu machen. Nachdem sich die Klägerin daran nicht gehalten und das Material in einem Verfahren in Frankreich verwertet hatte, fällte der Richter auf

---

[119] Einstweiliger Rechtsschutz zum Schutz der in den USA begründeten Rechtshängigkeit auch in Velsicol Chemical Corp. v. Hooker Chemical Corp., 230 F. Supp 998 (N. D. Ill. 1964).

Antrag des Beklagten eine Entscheidung, die es der Klägerin verbot, aus dem französischen Urteil zu vollstrecken[120]. Hier ging es nicht um die frühere Rechtshängigkeit im Inland und vermutlich hatte der Prozeß in Frankreich einen anderen Streitgegenstand. Es ging vielmehr um die Frage, ob gegen ein Urteil, das im Ausland mit anrüchigen Beweismitteln erlangt worden ist, im Inland präventiv vorgegangen werden kann.

aa) Soweit die bevorstehende Vollstreckung eines ausländischen Urteils im Inland in Frage steht, ist eine vorbeugende negative Feststellungsklage, gerichtet auf Feststellung der Anerkennungsunfähigkeit des Judikats, sicherlich zulässig[121]. Ein Interesse daran, darüber hinaus durch einstweilige Verfügung die Erhebung einer Vollstreckungsklage nach §§ 722 f ZPO zu unterbinden, ist nicht ersichtlich. Die sich der Vollstreckung und der Anerkennung widersetzende Partei kann sich in diesem kontradiktorischen Verfahren selbst wehren. Anders sieht die Lage im Geltungsbereich des EuGVÜ aus, wo Vollstreckbarerklärungen mit nachfolgender Sicherungspfändung (Art. 34 I, 39) möglich sind, ohne daß der Kläger überhaupt gehört werden dürfte. Ob der potentielle Vollstreckungsgegner im vereinfachten Verfahren nach § 26 II EuGVÜ[122] die Anerkennungsunfähigkeit des Judikats feststellen lassen kann, ist sehr zweifelhaft und gegebenenfalls keine zuverlässige Waffe gegen Vollstreckungsversuche des Urteilsgläubigers. Wenn hinreichend glaubhaft gemacht ist, daß das Urteil nach Art. 27 EuGVÜ anerkennungsunfähig ist und eine Zwangsvollstreckung auch beschränkt auf Sicherungsvollstreckung dem Urteilsschuldner nur schwer wiedergutzumachende Beeinträchtigungen bescheren würde, dann ist auch eine Verfügung, gerichtet auf Unterlassung eines auf Art. 31 ff. EuGVÜ gestützten Vollstreckungsantrags statthaft.

bb) Die weitergehende Frage ist freilich, ob so, wie auf Unterlassung der Klageergebung im Ausland auch Unterlassung von Vollstreckungshandlungen im Ausland, bezogen auf ein dort ergangenes Urteil möglich sind. Im EuGVÜ-Bereich steht dem sicherlich Art. 16 Nr. 5 entgegen. Außerhalb dieses Bereiches ist aber kein Grund ersichtlich, anders als bezüglich eines Verbotes einer Klageerhebung im Ausland zu urteilen.

---

[120] Omnium Lyonnais D'Etancheite et Revetements Asphalte et al. v. The Dow Chemical Comp. 461 F. Supp. 1385 CC.D. Col. 1977.

[121] Statt aller: *Stein-Jonas (Münzberg)*[20] § 722 Rdn. 7; *Zöller-Geimer* ZPO[14] § 328 Rdn. 208. Heute wohl unstr.

[122] Dafür *Geimer* in *Geimer-Schütze*, Internationale Urteilsanerkennung I 1 (1983) § 146 V 21. Dagegen: *Martiny* in *Drobnig* u. a. (Hsg.) Handbuch des Internationalen Zivilverfahrensrechts III 2 (1984) Rdn. 239.

d. Sicherung der Konkursbefangenheit von Vermögens-
gegenständen

Eine amerikanische Entscheidung, die das Verhältnis zwischen zwei
amerikanischen Bundesstaaten betraf[123], gibt Anregung zu der Frage, ob
das Instrument der einstweiligen Verfügung auch zur Sicherung der vom
deutschen Recht beanspruchten und jetzt auch gegenüber dem Ausland
anerkannten[124] universellen Konkursbefangenheit des Vermögens des
Geheimschuldners eingesetzt werden kann. Kann einem Gläubiger auf
Antrag des Konkursverwalters, eines vor Konkurseröffnung bestellten
Sequesters oder eines konkurrierenden Gläubigers aufgegeben werden, es
zu unterlassen, im Ausland belegenes Vermögen des Gemeinschuldners
durch Arrest oder vergleichbare Maßnahmen des dortigen Rechts
beschlagnahmen zu lassen? Kann einem Konkursgläubiger auf diesem
Wege vielleicht sogar untersagt werden, den Gemeinschuldner im Aus-
land persönlich zu verklagen – darauf spekulierend, daß dort die deutsche
Konkurseröffnung nicht anerkannt werden wird?

Die Frage aufwerfen, heißt, sie im Prinzip mit „Ja" zu beantworten!
Allerdings muß man im Einzelfall sorgfältig prüfen, ob eine solche
einstweilige Verfügung wirklich ein taugliches Mittel ist, um den ange-
strebten Erfolg zu erreichen. Denn es besteht die Gefahr, daß das
fragliche Vermögensstück im Ausland durch andere, vielleicht dem Konkursverwalter noch nicht bekannte, vielleicht sogar für die deutsche Justiz
überhaupt nicht erreichbare Gläubiger ohnehin beschlagnahmt wird. Der
durch die einstweilige Verfügung Betroffene hätte dann das Nachsehen,
ohne daß dies der Konkursmasse zugute käme. Häufig besteht auch
deshalb kein Verfügungsgrund, weil der im Ausland vorgehende Gläubiger das Erlangte zur Konkursmasse abführen muß[125]. Da, wo letzteres
faktisch nicht gewährleistet ist, bzw. wo eine Gefahr durch weitere
konkurrierende Gläubiger nicht besteht, sind aber solche einstweiligen
Verfügungen statthaft. Verfügungsanspruch und Verfügungsgrund liegen
dann vor.

e. Verhinderung von Aufklärungshandlungen im ausländischen
Verfahren?

Wie die Entscheidung des LG Kiel gezeigt hat, kann sich auch die Frage
erheben, ob es möglich ist, durch einstweilige Verfügungen die Unterlas-

---

[123] Cole v. Cunningham, 133 U.S. 107 (1890): Ein Gläubiger eines Gemeinschuldners aus Massachusetts klagte zusammen mit einem Arrestgesuch in New
York.
[124] BGH IPRax 1984, 264, 266 m. Bespr. *Pielorz* 241 ff.
[125] BGH wie N. 124.

sung, eventuell sogar auch die Vornahme von einzelnen Prozeßhandlungen in einem im Ausland bereits laufenden Prozeß anzuordnen. Auch dies muß im Prinzip angenommen werden. Die Frage ist immer nur, ob wirklich Verfügungsanspruch und Verfügungsgrund vorliegen. Verfügungsanspruch war im Kieler Fall der aus dem Bankvertrag fließende Anspruch des Kunden auf Wahrung des Bankgeheimnisses. Wenn Bankgeschäfte getätigt werden, die in Verbindung mit kommerziellen Interessen in einem fremden Staate stehen, dann muß der Bankvertrag freilich so ausgelegt werden, daß das Bankgeheimnis nicht prinzipiell Vorrang vor Offenbarungspflichten hat, welchen die Bank in dem fraglichen Staat nach dessen Rechtsordnung nachkommen muß. Einen solchermaßen eingeschränkten Inhalt hat ein Bankvertrag jedoch nicht, soweit die vom ausländischen Recht beanspruchte Offenbarungspflicht über das völkerrechtlich zulässige Maß hinausgeht. Nur in groben Umrissen kann hier verdeutlich werden, wo die Grenzen liegen. Die USA kennen im Prinzip selbst an, daß ihre Gerichtsbarkeit nur an die amerikanische Staatsbürgerschaft der Verfahrensbeteiligten, an in den USA begangene oder bevorstehende Handlungen oder Handlungen mit erheblichen Auswirkungen auf die USA anknüpfen kann. Dann kann nicht für Offenbarungspflichten davon eine Ausnahme gemacht werden[126]. Auch wenn ein deutscher Kunde einer deutschen Bank Bankgeschäfte tätigt, die sich auf kommerzielle Interessen in den USA beziehen, können amerikanische Gerichte nicht Auskunft über sämtliche Kontobewegungen verlangen, die zwischen Bank und Kunden stattgefunden haben. Das Auskunftsverlangen muß sich auf Kontobewegungen beschränken, die einen erkennbaren Bezug zu den in den USA lokalisierten Interessen haben. Der vom KG[127] in der Philip-Morris-Entscheidung entwickelte Gedanke einer völkerrechtlich strikt gebotenen Beschränkung auf das für den Gerichtsstaat Unerläßliche erscheint auch in diesem Zusammenhang tragfähig[128]. Wenn die Bank in den USA eine unselbständige Niederlassung hat, dann freilich kann sich die Auskunftspflicht sinnvollerweise nicht nur auf das bei dieser Niederlassung geführte Konto beziehen. Möglich erscheint aber durchaus eine Auskunftspflicht der Bank darüber, ob sie überhaupt Geschäfte mit

---

[126] Federal Trade Commission v. Compagnie de Saint-Gobain-à-Mousson, 636 F. 2d 1300, 1316 (D. C. Cir. 1980); Note, Colum. L. Rev. 1320, 1322 n. 8 (1983): Prescriptive jurisdiction fehlt (nur) „wenn eine Beweismittel-Vorlageanordnung sich an einen Ausländer richtet und sich auf Gegenstände bezieht, die im Ausland belegen sind und so lange keine Auswirkung auf das Gebiet der USA vorhanden ist".
[127] N. 81.
[128] So wohl auch *Wengler* IPRax 1983, 145 bereits vor Erlaß des Beschlusses des KG.

ihren Kunden getätigt hat, die sich auf dessen kommerziellen Interessen in den USA beziehen. Drohen Anordnungen ausländischer Gerichte, die diese Grenzen nicht beachten, oder sind solche Anordnungen gar schon erlassen, dann muß auch in diesem Bereich mit einstweiligen Verfügungen gearbeitet werden.

Insoweit sollten wir uns den Justizkonflikt zwischen den USA und Europa also durchaus zur Anregung dienen lassen, unser eigenes Recht fortzuentwickeln. Damit kommen wir zum

IV. Schluß

Der Konflikt liegt im Prinzip nicht darin, daß die USA im Übermaß exterritoriale Rechtsanwendung beanspruchten. Der prinzipielle Anspruch der europäischen Gerichte geht noch weiter. Es hat auch noch kein europäischer Kritiker behauptet, daß die Gerichte der USA ausländische Beklagte gegenüber einheimischen diskriminierten. Es handelt sich vielmehr um einen Konflikt, der im politischen Rechtsdenken selbst, zum guten Teil sogar in seinen soziologischen Bedingungen angelegt ist. Erst die internationale Wirtschaftsverflechtung hat ihn uns spürbar und bewußt gemacht.

Ein Schlaglicht soll letzteres belegen. Es gibt in den USA 650 000 Anwälte und man rechnet mit einer Million nach Ablauf eines weiteren Jahrzehnts. 1,4 % des Sozialproduktes der USA wird für Anwaltshonorare und Prozeßkosten ausgegeben[129]. Diese gewaltige Berufsgruppenenergie ertrotzt sich immer neue Märkte, die den Europäer um so mehr irritieren, je weniger er an vergleichbares Rechtsdenken gewohnt ist. Daß wir Deutsche am stärksten betroffen sind, liegt auf der Hand, kennt doch die veraltete ZPO sanktionierte Aufklärungspflichten der Prozeßparteien nur in spezifischen und engen Zusammenhängen.

Auch die Engländer sind auffälligerweise viel zurückhaltender als beispielsweise die Franzosen. Es ist daher nicht verwunderlich, daß der kompromißloseste Kämpfer auf europäischer Seite ein nach England emigrierter Deutscher ist: F. A. Mann. Beide Seiten bedienen sich mitunter in verblüffender Weise der gleichen intellektuellen Waffen. Gerade F. A. Mann etwa hat die eingangs erwähnte Siemens-Entscheidung des OLG München heftig kritisiert, soweit dem Ersuchen um mündliche Vernehmung stattgegeben worden war[130]. „Pre-trial-discovery" sei kein „taking of evidence"; deshalb sei das Haager Beweisaufnahmeüberein-

---

[129] Zahlen mitgeteilt von Reuben Clark in einem Vortrag "The American View of Int'l Arbitration" 1984 in London (soweit ersichtlich, nicht veröffentlicht).
[130] JZ 1981, 840.

kommen gar nicht anwendbar; die Münchner Gerichte hätten ihre Mitwirkung verweigern müssen. Das Bundesberufungsgericht des 5. Bezirks
in New Orleans hat, ohne Manns These zu kennen, in seiner Anschuetz-
Entscheidung die Dinge ganz genau so gesehen, daraus freilich die
Folgerung gezogen, das Übereinkommen könne um deswillen auch gar
keine Einschränkung der Befugnisse der US-Gerichte mit sich gebracht
haben, „pre-trial-discovery" anzuordnen[131]. Wenn die gemeinsame Prämisse stimmt, sind auch beide Schlußfolgerungen unausweislich.

Jedoch ist die Prämisse keine sinnvolle Interpretation des Übereinkommens. Dieses sollte sicherlich zur Verfügung stehen, wenn das ausländische Gericht im Inland eine gerichtlich überwachte Information zu
gewinnen wünscht, ohne daß ein Grund besteht, insoweit zwischen
Aufklärungs- und Beweisaufnahmemaßnahmen zu unterscheiden[132]. Aber
diese Klarstellung entschärft den Konflikt nur unwesentlich, der seine
eigenständigen rechtssoziologischen Grundbedingungen hat, nämlich
eine aus allen Fugen quellende Anwaltschaft in den USA. Auch dem
Beklagten mit dem besten Gewissen bleibt häufig nichts anderes übrig, als
sich unter den Druck einer gewaltigen discovery-Offensive zu verglei-
chen, um so der Kosten- und Nervenbelastung zu entgehen, die das alles
mit sich bringt. Der Konflikt liegt nicht in der Exterritorialität der
Rechtsanwendung, sondern in einem juristischen Topos, der gerade in der
US-Verfassungsgeschichte erstmals begriffliche Gestalt angenommen hat:
nämlich in prozessualen „due process of law". Dem Rechtsschutz suchen-
den Publikum, inländischem wie ausländischem, droht mitunter die
prozessuale Erwürgung. Deshalb hat Lord Diplock[133] die europäischen
Gerichte mit Recht aufgerufen, zugunsten europäischer Unternehmungen
Rechtsschutz durch einstweilige Verfügung auch gegenüber, wie er es
nennt, „frivolous and vexatious litigation", zu gewähren. Mehr können
wir nicht tun und mehr sollten wir auch nicht anstreben.

Summary

I.

The problem of what is generally labeled "extraterritorial application of
domestic law" is no longer today only a problem for public officials, in

---

[131] In re Anschütz & Co. GmbH (N. 21) 611.

[132] Eine nähere Bestimmung des Begriffs „Beweisaufnahme" wurde auch nur
deshalb unterlassen, weil sich das Übereinkommen ohnehin auch auf „other
judicial acts" bezieht. Dazu der britische Delegierte Newman ausweichlich der
Protokolle (Actes et documents de la onzième session de la Conférence de la Hay
du droit international privé t. IV p. 156).

[133] N. 3.

particular tax and antitrust agencies. In recent years, civil courts also have been confronted increasingly with this issue on a wide scale. Generally, the cases involve pre-trial discovery for private antitrust or product liability cases. Since the author already has dealt with the question of how agencies and courts take the features of American civil procedure into account when applying the Hague Convention on the Taking of Evidence to the Siemens case (see footnote No. 15); he did not return to that problem in this paper. Thus, this paper does not address questions that deal with witnesses over which the American courts claim no jurisdiction or evidence which is under the control of such persons or evidence which is non-transportable. Thereby, two questions are raised, which are inherently conflicting with one another:

1. How much can courts require from and enforce upon parties to a proceeding judicial evidentiary orders that extend to foreign soil?
2. Can a person in his home country, from our point of view, the Federal Republic of Germany, defend himself with legal protective measures from forced participation in a proceeding in a foreign country or from having to undertake an action for the proceeding there?

If both questions are to be addressed without prejudice, then consideration also should be given to what powers the European, especially the German courts, claim in similar situations. If one examines the problem more closely, then it can be seen, as it is initially posited in this paper, that European courts make a similar claim, although this claim is hidden behind a different configuration of the relevant legal institutions and norms. In addition, the American and English legal development can provide inspiration in several areas for an improvement of German law.

II.

In an attempt to answer the first question, a thorough description of the new development of American case law (II 1) has to be contrasted with the corresponding approach on the European continent. On the continent, a parallel to the American pre-trial discovery appears to be entirely lacking, as it is in England to a large extent. A closer examination reveals, however, that functionally similar institutions exist throughout. To a degree, they are categorized as substantive law with only a so-called claim to the production of information or documents, with the outcome that their procedural realization is very cumbersome. Compared with the American pre-trial discovery, the continental European functional counterpart thereby is only a partial equivalent in that the continental procedural law does not differentiate strictly between "trial" and "pretrial".

Beginning with the filing of the suit, the European judge is the dominating figure of the trial. Oftentimes, the comparison of legal institutions is masked in that a sanction for a refusal to cooperate with discovery only results in an adverse fact finding and not a default judgment or a fine or imprisonment for contempt of court. With this understanding, one can make surprising observations:

Today, the French judges also have very broad authority to require the production of evidence from the parties to a civil action and to respond to the refusal to produce such evidence not only with procedural disadvantages but also with monetary fines. From the applicable law, no limitation can be inferred that the law shall not fully apply if the evidence of the domestic or foreign parties is located in a foreign country. So far, however, the question has not become the subject of legal discussion (see footnote No. 58).

In the Federal Republic of Germany, the courts have not yet seen a problem in requiring a defendant to produce information including that which must be procured in a foreign country (see footnotes No. 39–57). In special circumstances, the German law also can procedurally require a party to provide information. In paternity matters, both fines and imprisonment are possible if a party refuses a blood test. Also, in this context, no differentiation is made if the party in question is a foreigner or lives in a foreign country (see footnotes No. 50–53). The situation in which a foreign party, seeking to comply with a court order, will thereby violate his domestic law ("blocking statute") has in Germany only been alluded to once in an obiter dictum (see footnote No. 57).

All of this has been accepted traditionally without contradiction in the national practice. Hence, one can conclude that there is no rule in international public law which limits the authority of national courts and agencies to require the cooperation of foreign parties in discovery and to impose sanctions for refusals in so far as this also can be done in a similar situation to a domestic party.

In Germany, there is no counterpart to the American comity doctrine, which, in the Restatement of Foreign Relations Law and the tentative drafts to its revision, is unfortunately and incurably clouded with questions of the international public law prohibition or allowance of a measure (see footnotes Nos. 65–81). As long as the fulfillment of an judicial evidentiary order is not barred by an international public law prohibition, or by other specific grounds the other party to the proceeding is entitled to the information or evidence to be produced in so far as it is relevant for the proceeding.

It is possible, however, for each of the two legal systems to allow the ideas which govern in the other system to take root in its own. The

Americans should take up the numerous attempts begun in Germany and other European countries to make foreign administrative law applicable. The "shared values approach" appears in this respect to be very promising (see footnote No. 82).

The European, especially the German, courts should recognize that the American comity considerations not only consider the relationship between two nations but also the idea of procedural due process with regard to the foreign party. In Germany, this principle also has constitutional status and thereby is capable of prevailing over simple statutory law and decades of judical practice as soon as one recognize this dimension of the problem (see footnote No. 85).

The first substantive segment of this paper concludes with the handling of two special problems. There are no arguments against extraterritorial interrogatories (see footnotes Nos. 86–88). It also does not violate international public law principles if a sued company is requested to bring company representatives to another country so that they can be questioned by a court or government agency. In so far as this is tied to an unrepresentative financial burden on the party, the Americans should certainly consider whether this request amounts to a violation of procedural due process (see footnotes Nos. 89–90). Only posed, but not answered, is the question whether a German company has the authority under labor law provisions to order an employee to travel to a foreign country to testify there as a witness before a court or agency.

If a parent company is legally in the position to require from its subsidiary the production of information or evidence, then it cannot be criticized to urge the parent company as a party to the proceeding to make use of its authority. It is objectionable, however, if on the other hand, sanctions are threatened against or actually imposed upon a subsidiary because the parent company does not produce evidence which is the subject of a judicial order issued to the subsidiary, and the subsidiary is held responsible for not adequately pressing for the evident (see footnotes Nos. 94–105).

III.

In Germany, it is presently almost inconceivable to sue before a civil court for specific performance of acts to be committed before another civil court. The same applies for respective injunctions. In particular, there is not a single reported case in which it was attempted in this matter to hinder the commencement of a suit before another domestic or foreign court. Because no international public law rule is evident which would prohibit such an action, the question naturally is raised, whether German law cannot allow itself to be inspired (see footnotes Nos. 112–128) by the American and English example (see footnotes Nos. 105–111). It is noteworthy that German courts well enough intermingle in other German judicial proceedings, if this occurs in another justicial branch, whereof Germany has several (see footnotes Nos. 116–118). This must also correspondingly apply vis-à-vis foreign judicial proceedings, in any case in so far as it involves a country with which Germany is not bound through the Convention on Jurisdiction and Enforcement of Judgements in Civil and Commercial Matters. According to German law, however, an injunction is only possible if the petitioning party has a substantive claim for omission against the defendant. Forum non-conveniens considerations, which are unknown anyway in Germany, are not adequate therefore. Nonetheless, the following injunctions are possible:

a) as a sanction for a choice of forum agreement (see footnote No. 118 a);

b) as a sanction for earlier founded pendency before a German court (see footnote No. 119);

c) to hinder the enforcement of a judgement that was attained with the aid of impermissibly obtained evidence or other dishonest doings (see footnotes Nos. 120–122);

d) to safeguard the bankruptcy bias for foreign located assets (see footnotes Nos. 123–125);

e) to forestall depositions and answers to interrogatories that infringe upon a duty of secrecy, to the observance of which the petitioning party has a claim irrespetively of the opposing foreign judicial order. The last example is obviously not a common occurence (see footnotes Nos. 126–128).